L'ÉDITO DE PIERRE CHARLEMAGNE

DIRECTEUR GÉNÉRAL ECODDS

W0313282

Les crises récentes ont-elles bon dos ? Confinements successifs ou guerre en Europe, les pénuries sont désormais multiples, les matières premières, les composants, l'énergie, les transports ont vu les prix exploser et les chaînes d'approvisionnement, souvent mondiales, sont durablement perturbées. Au moins jusqu'à fin 2023 nous dit la boule de cristal des économistes.

Mais est-ce la seule explication ? Si tel est le cas, un fléchissement de la demande devrait contribuer à retrouver des équilibres et contraindre l'inflation des prix. Pourtant, les pénuries et les délais à rallonge ne sont pas tous expliqués par ces phénomènes. Une autre raison, plus inquiétante par sa probable durée dans le temps, est encore mal mesurée : la pénurie de main-d'œuvre. À quoi bon reconstituer des stocks si on ne trouve plus de logisticiens, de collaborateurs pour remplir les rayons ? Pourquoi livrer des chantiers quand il n'y a plus... de chefs de chantier ? Pas mieux dans les services, dans les secteurs de la santé ou de l'hôtellerie.

Un mouvement profond a modifié le rapport au travail de la population active. Chacun de nous connaît un cadre qui a tout plaqué pour passer un CAP d'ébéniste, un jeune sorti d'école de commerce qui ne se voit pas derrière la vitre d'un bureau... Ils veulent un métier qui a du sens ! Un métier concret, voire manuel, un métier où ils se réalisent... On a tous vu un reportage sur l'informaticien ou le comptable devenus berger ou artisan. On parle moins de ceux qui sont passés du rêve à la désillusion, de ceux qui voudraient retrouver leur job d'avant, des horaires décents, des collègues, un salaire... voire, une routine ? Pour autant, accepteront-ils de réintégrer le monde d'avant ? Et les employeurs privés et publics veulent-ils intégrer des profils désenchantés ? Pour attirer les talents, il faut dès à présent répondre à de nouvelles aspirations. Et c'est un défi majeur pour les employeurs comme pour les collaborateurs. L'économie sera probablement durablement affectée par cette quête de sens tant que nous n'aurons pas compris l'essentiel : c'est nous qui donnons un sens à ce que nous faisons. C'est nous qui « changeons la vie » comme dit la chanson de J.-J. Goldman.

À contre-pied, nous sommes allés à la rencontre de jeunes qui veulent un métier-passion. Dans l'antre de l'école Boulle, on vit sa formation pour devenir ébéniste, bijoutier ou pour travailler le bronze. Ces jeunes ne rêvent pas, ils ont choisi un métier exigeant, difficile, un chemin d'excellence. Puissent-ils nous inspirer.

Ils sont la France.

EK
NUMÉRO 3
DIRECTEUR DE LA PUBLICATION : Pierre Charlemagne
SUPERVISION ÉDITORIALE : Mélanie Letin, Juliette Plateau
ONT COLLABORÉ : Camille Bour, Laurent Gannaz, Stéphanie Laurent, Catherine Levesque-Lecointre, Fabrice Lundy, Dominique Pialot, Lucas Rennesson, Étienne Thierry-Aymé.
PHOTOGRAPHIES : Alain Fouray, Lionel Guericolas.
ILLUSTRATIONS : Mathieu Persan, Elen Usdin
INFOGRAPHIE : Victoria Denys
CONCEPTION GRAPHIQUE : Jean-François Labour
SECRÉTARIAT DE RÉDACTION : Carole Rampal

ECO KEYS est éditée par EcoDDS
117 avenue Victor Hugo
92100 Boulogne-Billancourt
CONTACT : stephanielaurent@mascaret.eu

PHOTOGRAVURE : IGS - 16340 L'Isle d'Espagnac
IMPRIMEUR : Dupliprint 53101 Mayenne
DÉPÔT LEGAL : Octobre 2022

Origine du papier : AUTRICHE
Taux de fibre recyclées : 0%
Certification : PEFC

Impact sur l'eau
COD : 13,31 kg/tonne
AOX : 0,01 kg/tonne
Ntot : 0,1 kg/tonne
Ptot : 0,02 kg/tonne

PEFC 10-31-1316

ILLUSTRATION : Elen Usdin

SOMMAIRE N°3

FRANCE

ICI & MAINTENANT

PETITES INFOS, GRANDS CHANGEMENTS

MOBILITÉ

ROULER RESPONSABLE

Mesurer l'empreinte carbone de ses déplacements quotidiens en voiture, et avoir accès à des alternatives durables en fonction des trajets : c'est ce que propose l'application Géco Air, développée par l'IFP Énergies Nouvelles. En analysant les données de nos trajets en voiture grâce au GPS du smartphone, l'application recommande l'adoption de gestes simples pour réduire l'impact carbone de la conduite © Sven Vee

EAU

LAVIE PURIFIE VOTRE EAU

L'eau, c'est LaVie, et la start-up aixoise Solable l'a bien compris. Face au besoin de réduire les bouteilles plastiques, Solable a créé un purificateur d'eau écologique qui permet de purifier l'eau du robinet en 15 minutes chrono grâce à des LED, et sans produire de déchets ! Ce purificateur, LaVie, utilise une technologie brevetée pour éliminer le chlore et les autres résidus nocifs pour la santé et est vendu actuellement sous deux formats (50 cl et 1 l). La start-up commercialisera bientôt ces deux nouveaux produits avec des réservoirs de stockage grande capacité. © Lavie bio

CLEANTECH

L'APPLI DES PROJETS VERTS

Lancée en 2020, l'application Carbonapp veut devenir la nouvelle plateforme de rencontres entre les organisations et les porteurs de projets labellisés bas-carbone en France. Recensant déjà plus de 100 projets, elle permet aux collectivités territoriales et aux entreprises de contribuer au financement de projets locaux labellisés bas-carbone et ainsi d'atteindre l'exemplarité climatique. © Matthias Heyde

carbonapp
la compensation carbone locale et volontaire

NOUVEAUX MATÉRIAUX

LA ROUTE DES HUÎTRES

Le département de l'Hérault souhaite trouver des substituts écologiques au bitume traditionnel : il expérimente donc un béton à base de coquilles d'huîtres. Ce dernier est produit à seulement quelques kilomètres, en broyant les déchets issus de la conchyliculture du bassin de Thau. Recyclage, impact carbone réduit grâce à un circuit court, matériau naturel… une vraie action écologique !

INNOVATION

UNE MOLÉCULE QUI AUGMENTE LA RÉSISTANCE DU PAPIER

La start-up FunCell a réussi à développer un polymère biosourcé capable de doubler voire de tripler la résistance mécanique des matériaux à base de cellulose, comme le papier, le carton ou encore les fibres textiles. Ajoutée lors du processus de fabrication, cette molécule fait des miracles : il est à la fois possible de réduire le grammage du papier tout en gardant la résistance d'une feuille plus épaisse ! Selon l'entreprise associée au CNRS en 2018, cela permettrait de réduire de 30 % la quantité mondiale de bois consommée, sans revoir à la baisse la production de papier.

PANNEAUX SOLAIRES

3 000 TONNES

C'est la quantité de panneaux solaires que va recycler Rosi Solar chaque année. Cette entreprise grenobloise née en 2017 a développé un procédé permettant de récupérer le silicium, l'argent et le cuivre des modules photovoltaïques, qui n'étaient jusqu'à présent pas recyclés. Cette technologie, pour le moment unique au monde, pourrait bien devenir une activité stratégique : en effet, le silicium est considéré comme un matériau critique par la Commission européenne. Installée en Isère, l'usine de Rosi Solar récupérera 3 tonnes d'argent et 90 tonnes de silicium pur par an, et créera une trentaine d'emplois.

EXPOSITION

« PLANET OR PLASTIC » À BORDEAUX

Le plastique, omniprésent dans notre quotidien, pollue notre environnement. Afin de sensibiliser à cette pollution, National Geographic s'est associé au Musée Mer Marine (MMM) de Bordeaux pour l'exposition *Planet or Plastic* jusqu'au 31 décembre 2022. L'exposition retrace l'histoire du matériau ainsi que ses conséquences sur la nature au travers de photographies, vidéos et infographies. Elle montre l'ampleur de la crise mondiale des déchets plastiques et l'urgence à agir.

POLLUTION ATMOSPHÉRIQUE

TRANSFORMER LE CO2 EN RESSOURCE

C'est l'idée de Carboneo, une start-up française qui veut relever le défi face à l'urgence climatique. Grâce à sa technologie, il est possible de transformer le CO_2 en oxygène (O_2) et en monoxyde de carbone (CO). Pour cela, Carboneo souhaite s'implanter directement sur les sites industriels, où la start-up parviendra à récupérer le CO_2 émis sur place : 1 kg de CO_2 est alors changé en 640 g de CO et 360 g d'O_2. Avec un coût électrique estimé à 100 g, le procédé réduit l'émission de 900 g ! Le développement industriel de la solution est prévu pour 2023, et l'industrialisation complète pour 2025 : projet à suivre…

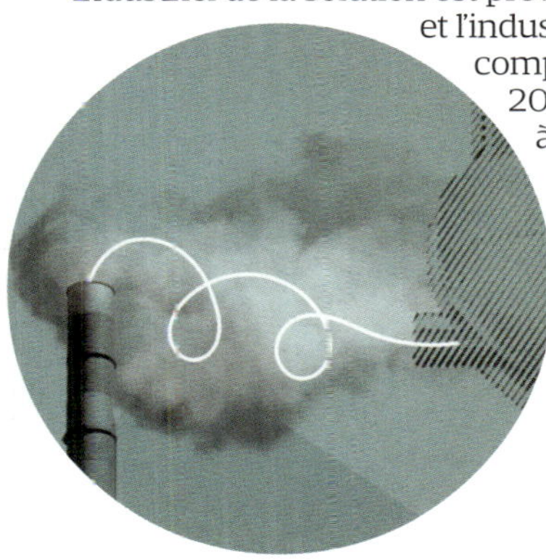

MONDE

LÀ-BAS & MAINTENANT

PETITES INFOS, GRANDS CHANGEMENTS

ÉNERGIE

UN PUITS D'ÉNERGIE VERTE INFINIE

« Kairyu », le prototype d'hydrolienne japonais, a réussi ses premiers tests dans l'océan Pacifique. La turbine sous-marine de 330 tonnes est conçue pour être ancrée à une profondeur de 100 à 160 pieds. Sa ligne d'ancrage lui permet d'adapter sa position pour exploiter plus efficacement l'énergie du courant océanique Kuroshio. Ce dernier pourrait générer jusqu'à 200 GW, soit environ 60 % de la production électrique actuelle du Japon.

© IHI Corp./NEDO

HYDROGÈNE VERT

HYDEAL ESPAÑA, LA MISE EN ŒUVRE INDUSTRIELLE DU PROJET A DÉBUTÉ

VINCI Construction, Técnicas Reunidas et PowerChina Guizhou ont été sélectionnées pour réaliser la conception technique, l'architecture et la chaîne d'approvisionnement des premières unités de production d'hydrogène renouvelable de HyDeal España. Elles seront soutenues par l'entreprise d'ingénierie espagnole TSK. HyDeal España fournira de l'hydrogène renouvelable à un complexe industriel installé dans la région des Asturies à partir d'installations situées dans le nord de l'Espagne. La capacité totale installée atteindra 9,5 GW d'énergie solaire et 7,4 GW d'électrolyseurs. La production d'hydrogène renouvelable débutera fin 2025 pour atteindre 330 000 tonnes par an d'ici à 2030. © DNV

MÉDECINE

UN ROBOT EN "SLIME" DANS L'ORGANISME

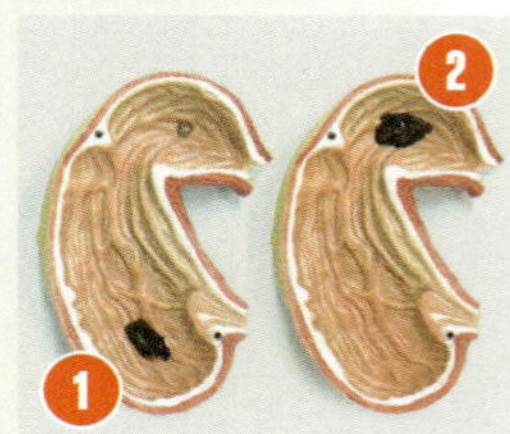

En Chine, une équipe de recherches conçoit un robot miniature magnétique à base de fluide « non newtonien », c'est-à-dire dont la viscosité peut devenir plus liquide ou plus solide quand elle est soumise à une force. Ce robot s'adapte à des environnements exigus et présente une déformabilité reconfigurable. Dirigé à l'aide d'un aimant externe, il peut par exemple aller récupérer des petits objets, comme des piles, dans le tube digestif. © Mengmeng et al.

VÉHICULE ÉLECTRIQUE

PDI-TEMPO AMÉLIORE L'AUTONOMIE DES BATTERIES

Les chercheurs du centre pour les technologies énergiques propres de l'Université de Technologie de Sydney auraient trouvé la solution au problème d'autonomie des batteries lithium-oxygène (Li-O2) des véhicules électriques. Ils ont mis au point une molécule sur mesure, PDI-TEMPO, qui améliore les performances des batteries Li-O2. La conception de telles molécules ouvre la voie au développement de batteries Li-O2 haute performance.

© pixelfreund

UNION EUROPÉENNE

UN TIERS DE L'EMPREINTE CARBONE DÛ AUX IMPORTATIONS

Selon l'Insee, l'Union européenne (UE) émet 1,5 fois plus de gaz à effet de serre (GES) par habitant que la moyenne mondiale. Pourtant, rapportées à son PIB, ses émissions de GES sont inférieures à la moyenne mondiale. En effet, l Union européenne émet moins de GES que les autres zones géographiques pour produire un euro de biens et de services. En revanche, dans l'UE, les émissions de GES induites par la demande finale – l'empreinte carbone – sont plus élevées que les émissions issues de la production. Un tiers environ de l'empreinte de l'UE correspond à des processus de production localisés en dehors de son territoire.

ESPACE

EXPLORATION LUNAIRE : UN NOUVEAU PAS ROBOTIQUE

R1 est le nom du *rover* conçu par la start-up japonaise Gitai. Destiné à explorer la Lune et à y effectuer des tâches comme l'exploitation minière, l'inspection, la maintenance, l'assemblage, R1 a passé avec succès les premiers tests. Début 2022, le *rover* multifonction a démontré ses capacités et son agilité de mouvements dans des conditions réalistes reproduisant les caractéristiques de la surface de la Lune. Ses quatre jambes équipées de roues multidirectionnelles lui permettent d'adapter rapidement sa position, de changer de direction, surmonter des obstacles naturels, gravir des pentes tandis qu'il peut collecter des objets grâce à ses bras articulés. © Gitai, Jaxa

HYDROLOGIE

3.2.1... SWOT

En novembre, le Cnes et la Nasa lanceront la mission Surface Water and Ocean Topography (SWOT) qui mesurera pour la première fois la hauteur des fleuves, lacs, zones inondées et océans. Pendant trois ans, SWOT effectuera des mesures sur plus de 95% des lacs, rivières et réservoirs de la Terre. En plus de leur hauteur, SWOT mesurera leur étendue ce qui permettra aux scientifiques de calculer la quantité d'eau qui se déplace dans les masses d'eau douce. Ils auront ainsi une meilleure compréhension du cycle de l'eau de la Terre et de l'impact du changement climatique. Dans les dix années qui viennent, cinq grands observatoires satellitaires (Earth System Observatory) vont être mis en orbite. Ils fourniront des mesures sur l'eau, la glace et l'atmosphère.

© Lake Balkhash / tous droits réservés

ÉNERGIE

PANNEAU PHOTOVOLTAÏQUE ANTISOLAIRE

Un panneau solaire qui produit de l'électricité la nuit ! Une équipe de chercheurs de l'Université de Stanford a conçu une cellule photovoltaïque capable de générer de l'électricité en absorbant le froid du ciel nocturne. Celle-ci est intégrée à un générateur thermoélectrique et couplée avec une cellule photovoltaïque standard, permettant ainsi au panneau de disposer de l'énergie solaire la journée et du refroidissement radiatif de la cellule la nuit. Pour l'heure, le panneau photovoltaïque ne génère que 50 watts d'énergie par mètre carré (0,04% de l'énergie produite par une cellule solaire standard pendant la journée), ce qui est suffisant pour alimenter des appareils à faible puissance comme des LED, mais les chercheurs assurent pouvoir doubler facilement sa production d'énergie © mannybecerra / PJ

PLUS DURABLE, PLUS VIVABLE…

24H DANS LA VILLE DU FUTUR

2030, cela peut paraître loin mais c'est déjà demain. Comment vivrons-nous à la fin de la décennie ? Comment travaillerons-nous ? Comment nous déplacerons-nous ? Comment nous soignerons-nous ? Dans la ville ou plutôt les villes du futur. Logement, mobilités, travail, éducation, loisirs, santé… Place ici à un peu de prospective avec trois scénarios dans trois villes du futur, afin d'anticiper ce qui nous attend. Vous suivrez pour cela, la journée d'Ermance, célibataire à Paris ; de Titouan et Léa, parents de deux adolescents à Avignon ; et de Maëlen et Élory, jeunes retraités établis à Loudéac, dans les Côtes-d'Armor au cœur de la Bretagne. Rendez-vous donc le jeudi 24 octobre 2030.

RÉALISÉ PAR
ÉTIENNE THIERRY-AYMÉ

ERMANCE,

28 ANS, CÉLIBATAIRE,

HABITE UN T2 À PARIS, DANS L'ÉCOQUARTIER CLICHY-BATIGNOLLES, ET TRAVAILLE À SAINT-OUEN, DANS LE NOUVEAU QUARTIER CARREFOUR PLEYEL, À DEUX PAS DE L'ANCIEN VILLAGE OLYMPIQUE. DEUX QUARTIERS ENTIÈREMENT MÉTAMORPHOSÉS EN DIX ANS.

6h, en ce jeudi matin. Trois fois par semaine, Ermance a pris pour habitude, avant de se rendre à son travail, de débuter sa journée, très tôt, par 30 minutes de jogging, au cœur du vaste parc Martin Luther King de 10 hectares, l'un des nouveaux poumons verts de la capitale.

AirPods dans les oreilles, les joues rosies par l'effort, Ermance accélère, au son de *Septèmes*, le nouveau tube de Clara Luciani. Ce matin encore, Ermance n'est pas tout à fait seule à courir... Il faut dire que, malgré les nouvelles restrictions, les températures ont continué de monter tout au long de la décennie. Et, il n'est pas rare désormais qu'elles frisent les 30 degrés à Paris, même en plein automne.

Ermance habite, depuis deux ans, au 4e étage d'un petit immeuble de l'écoquartier Clichy-Batignolles, dans le 17e arrondissement où les ultimes travaux se sont achevés en 2025. Non loin de là, un bâtiment de 160 mètres de haut, conçu par l'architecte Renzo Piano, abrite le Tribunal de Paris.

Matériaux durables et recyclés, béton biosourcé, bois, chanvre... en regardant tous les immeubles alentour, on peine à deviner qu'ici encore se dressait, il y a vingt ans, l'ancienne friche industrielle et ferroviaire des Batignolles, tant cet écoquartier mêle aujourd'hui harmonieusement logements, activités, commerces et loisirs. Un exemple réussi de mixité sociale et fonctionnelle, de sobriété énergétique aussi avec des bâtiments peu énergivores, bien isolés, et par conséquent économes en carbone... Un quartier qui accueille désormais 7 500 habitants et 12 700 emplois. La végétation est partout. La jeune femme projette d'y faire sa vie. Elle ne rêve aujourd'hui que d'une chose : y trouver un job pour réduire encore un peu plus ses temps de transport...

© jozsef-hocza / unsplash

Sa montre connectée lui rappelle son planning de la journée, notamment aujourd'hui une téléconsultation à l'heure du déjeuner : son généraliste souhaitant vérifier, si, avec son asthme, Ermance devra être revaccinée contre l'épidémie de Covid qui revient désormais chaque année. Ermance remonte, à petites foulées, l'allée boisée qui la conduit au seuil de son immeuble... Ouf-ouf, ouf-ouf, ouf-ouf... Ermance lève la tête. Plus besoin de « vigik », de composer un code, ni d'appuyer sur un bouton : grâce à la reconnaissance faciale, les portes de l'immeuble et de l'ascenseur s'ouvrent automatiquement devant ses pas, comme pour celles de son appartement. Grâce aux capteurs et à la domotique, le studio adapte la luminosité et la température à l'aide de l'un des différents scénarios préétablis par la jeune femme. Comme 70 % des Français, elle est majoritairement chez elle car en télé-

ÉCOQUARTIER
Nouvelles façons de concevoir, construire et gérer la ville durablement, les écoquartiers permettent de combiner des espaces de vie, de loisirs, de travail...
© nerea-marti-sesarino / unsplash

travail. Il est programmé que les rideaux automatiques resteront tirés un peu plus longtemps ces jours-là et Ermance pourra ainsi se lever un peu plus tard.

7 h 30. Aujourd'hui, Ermance se rend à son entreprise. À peine le temps de prendre une douche, d'enfiler une robe, prendre son petit-déjeuner, et de chausser ses baskets biosourcées. Elle file direction le quartier du nouveau Carrefour Pleyel. Elle a désormais l'embarras du choix : la ligne 14 du Grand Paris Express, qui s'étire jusqu'à Saint-Ouen, le RER C, le tramway 3B qui encercle le nord de la capitale, dont les stations ont été entièrement végétalisées. Sans compter les nouvelles offres de mobilités douces ou actives : trottinettes solaires, vélos à assistance hydrogène, etc.

À deux pas du site de l'ancien village des JO de 2024, les bureaux flambant neufs de son agence de com', qui mêlent bois et larges baies vitrées, sont situés dans l'ombre de la nouvelle tour Pleyel qui abrite, depuis peu, un hôtel étoilé. La tour de 129 mètres de haut surplombe une forêt urbaine de milliers d'arbres. À son sommet, une piscine panoramique offre une vue imprenable sur le Sacré-Cœur et Montmartre. Après une réunion dans le métavers de son entreprise avec des collègues basés en Asie et en Amérique du Nord, Ermance enchaîne rencontres et entretiens tout au long de la journée. Elle n'oublie pas néanmoins de préparer sa soirée. Rendez-vous est en effet fixé avec des amis au National Express, dans l'ancienne gare routière de la porte de Bagnolet qui réunit, désormais dans ses murs, un tiers-lieu, une salle de spectacle, une autre de cinéma. C'est le nouveau quartier à la mode. Et c'est d'ailleurs pour cela que Netflix y organise son Festival du cinéma immersif.

Ermance s'y rendra à vélo, c'est décidé ! Pour ce faire, elle tapote sur son smartphone et réserve une « Bicyclette » *[ndlr : à prononcer à l'anglaise]*, qu'elle se fera déposer par un des concierges de Byclo, le nouveau service de mobilité qui cartonne dans la capitale. Pour sortir de son quartier, ce qu'elle ne fait pratiquement plus, Ermance emprunte le périphérique. Sa montre connectée lui indique en effet que c'est l'itinéraire idéal pour se rendre à Bagnolet, en toute sécurité, depuis chez elle.

Le périphérique à vélo ? Oui ! Après s'être attaquée à la sécurisation des carrefours et des différentes portes de la capitale, la séparant de la métropole, la mairie de Paris s'est réapproprié peu à peu l'ancienne « zone » coupant la capitale de sa périphérie, végétalisant et réaménageant progressivement le périphérique. Le « Périph » est désormais devenu « vert », et entièrement dédié aux transports en commun, aux voitures propres, au covoiturage. Une file étant même réservée exclusivement aux vélos ! Minuit approche, c'est déjà l'heure de rentrer. Ermance commande un vélo taxi sur sa montre connectée. Il la ramènera chez elle à bon port. Mais, demain, vendredi, est déjà un autre jour.

GÉOMÉTRIE URBAINE Une nouvelle grammaire de l'urbanisme se dessine pour mieux répondre aux enjeux économiques, sociétaux et environnementaux. © Ricardo Gomez Angel / Unsplash

TITOUAN ET LÉA,

40 ANS, EN COUPLE,

HABITENT UN T4 DANS L'ÉCOQUARTIER DE BEL AIR À AVIGNON. ILS ONT DEUX ENFANTS SCOLARISÉS DANS LE COLLÈGE QUI A OUVERT SES PORTES DANS CE NOUVEAU QUARTIER.

Avec le réchauffement climatique, il fait de plus en plus chaud à Avignon : l'été indien ou plutôt méditerranéen s'étire dorénavant jusqu'à la mi-novembre. Et, en ce mois d'octobre 2030, il n'est pas rare que, dans la préfecture du Vaucluse, les températures avoisinent désormais les 35 degrés.

© tao-qi / unsplash

Ce matin du 24 octobre, Titouan, Léa et leurs deux enfants se réveillent dans leur maison de Bel Air.

Faire corps avec la nature, retrouver une juste place dans un quartier respectueux de l'environnement, voici les raisons qui ont poussé Titouan et Léa à s'installer, il y a trois ans, dans l'écoquartier de Bel Air, situé à mi-chemin entre le centre-ville d'Avignon, et le technopôle Agroparc.

Bel Air ? Une zone d'aménagement concertée d'environ 100 000 mètres carrés, constituée aujourd'hui d'environ 1 000 logements (individuels, groupés ou intermédiaires) ; de commerces, d'équipements scolaires (privés et publics) dont le collège des deux enfants du couple, Lucas et Louise ; ainsi que d'une extension du campus de la CCI où travaillent Titouan et Léa, tous les deux formateurs, en parallèle de leurs activités dans le commerce de détail.

Bel Air fut le premier quartier à afficher le label quartier durable méditerranéen (QDM). Et les architectes ont dû répondre aux exigences de son cahier des charges.

Les haies de cyprès, élément incontournable du paysage vauclusien, autrefois plantées pour protéger les parcelles agricoles du mistral, constituent une trame très dense qui s'intègre très bien dans cet écoquartier. « *Les haies sont l'identité du lieu. Elles ont un rôle bioclimatique de protection du vent. Elles sont très structurantes pour l'organisation des parcelles, leur orientation »*, explique Christian Devillers, l'architecte-coordinateur du quartier. Et de poursuivre : « *Ce projet urbain s'inscrit parfaitement dans cette trame paysagère.* » Les bocages existants ont ainsi permis de délimiter naturellement les parcelles, les habitations... La structure urbaine du quartier est ainsi formée, non plus d'îlots, mais de « chambres arborées » dont la composition respecte les éléments en présence – la haie, son ombre, le vent, le soleil, les canaux... –, et de « chambres végétales » reliées entre elles par une voie principale traitée en zone douce et partagée, maillée d'un réseau de sentes piétonnes qui empruntent les anciens chemins agricoles. Panneaux solaires, géothermie... le promeneur découvre aussi à Bel Air des ambitions particulières en matière de recours aux énergies renouvelables, avec plus de 50 % de l'énergie consommée pour l'ensemble des besoins du quartier (éclairage public, signalisations, etc.), ainsi que la première expérience d'autoconsommation photovoltaïque collective. Le site expérimente en outre le développement d'une micro-agriculture urbaine, grâce à laquelle les résidents peuvent cultiver, jardiner, partager leur récolte avec leurs voisins. Et, pour remplir les besoins en eau et traiter les rejets des habitants, les architectes ont imaginé un système novateur de gestion des eaux pluviales et des eaux usées. Un écoquartier pas encore tout à fait achevé aujourd'hui puisque les dernières constructions devraient être terminées au mieux en 2035. Côté logements, on retrouve des jardins au rez-de-chaussée mais aussi des terrasses végétales aux étages supérieurs. Avec le développement, pour la première fois à Avignon, d'un habitat résolument moderne, en individuel superposé. L'idée étant de faire émerger une ville à la campagne en sortant des traditionnels lotissements qui ont tant dégradé les paysages périurbains... Les habitations étant conçues selon des principes d'architecture bioclimatique. Bref, à Bel Air, « *il y a les avantages de la ville et l'esprit de la campagne* », résume Léa, en contemplant le paysage depuis la terrasse qui enserre le T4 familial.

Comme tous les matins, les enfants prennent la direction du collège à vélo. Sans crainte, Titouan et Léa enfourchent eux aussi le leur, direction la CCI. Parents et enfants se séparent en haut d'une petite sente... Ils se retrouveront avec d'autres parents et des amis, à midi pour pique-niquer sur l'une des tables en bois du jardin partagé, en plein cœur du quartier. La tradition de fin de semaine de la famille depuis qu'elle habite ici. Outre le respect de l'environnement, la famille a choisi Bel Air pour sa convivialité, son esprit village, et surtout pouvoir se déplacer dans un endroit apaisé, tranquille, dans lequel tout est à portée de bicyclette, ou faisable à pied, en toute sécurité... Les mobilités douces – piétons, vélos... – ont en effet été, dès la création du quartier, au centre du projet. Tout Bel Air étant aujourd'hui en zone 20. Et, même si Léa et Titouan ont conservé une voiture individuelle, qu'ils rechargent de temps en temps sur les bornes partagées disponibles dans le quartier, ils ne l'utilisent que très occasionnellement. Et certainement plus pour effectuer les trajets du quotidien! Titouan et Léa partagent une familiale 100 % électrique avec deux autres couples de leurs voisins. Ils n'ont d'ailleurs pas eu trop le choix, le prix des voitures ayant continué à grimper. Et, outre le fait que les motorisations thermiques seront bientôt interdites de circuler dans toute l'Europe (en 2035), pics de pollution ou pas, la nouvelle zone à faible émission (ZFE) d'Avignon n'autorise plus que la circulation des véhicules électriques tout au long de l'année.

ÉNERGIE RENOUVELABLE
Éolienne urbaine intégrée aux bâtiments.
© Bahrain WTC

MAËLEN ET ÉLORY,

70 ANS, JEUNES RETRAITÉS,

HABITENT DANS UNE FERME RÉNOVÉE AU NORD DE LOUDÉAC, AU CŒUR DES CÔTES-D'ARMOR, EN CENTRE BRETAGNE.

Pour attirer les nouveaux habitants, la revitalisation des petites villes et des villes moyennes (moins de 20 000 habitants) est, de longue date, un des objectifs partagés par les municipalités, les collectivités locales et l'État. C'est ainsi qu'à Loudéac (10 500 habitants aujourd'hui, à peine 10 000 en 2020), la ville a cherché, très tôt, à redynamiser son centre-ville. Loudéac n'échappant pas au mouvement de fragilisation des centres-villes en France.

Changer le regard sur la ville, la faire exister en tant que ville centrale sur son territoire et dans l'armature urbaine du Centre Bretagne, tels ont donc été, dès 2010, les objectifs des différentes équipes municipales, conduisant il y a tout juste dix ans Loudéac à être sélectionnée parmi les 130 communes de Bretagne du dispositif « Petites villes de demain ». Un programme visant à conforter le rôle structurant de ces « petites villes où il fait bon vivre » en les aidant à devenir ou redevenir des villes attractives dans leur territoire, « dynamiques et respectueuses de l'environnement ». Avec, entre autres, au programme à Loudéac : la revitalisation et la rénovation du centre-ville, la mise en place d'une nouvelle signalétique pour guider piétons, cyclistes ou automobilistes, le déploiement d'une application mobile pour aider les commerçants...

© Dhoomil Sheta / Unsplash

Avec aussi : la mise en conformité pour les personnes à mobilité réduite (PMR), l'aménagement de zones 20 et 30, ou encore la rationalisation des stationnements en centre-ville.

C'est notamment pour ce dynamisme que Maëlen et Élory ont décidé, en 2025, de s'installer, la retraite venue, à 68 ans, à Loudéac. Un retour aux sources pour ces deux « Bretons » de Paris qui ont effectué toute leur carrière dans la restauration.

En prévision de leurs vieux jours, ils y avaient acheté, à quelques encablures du centre-ville, une ancienne ferme rénovée, coincée entre la zone pavillonnaire et la zone commerciale située au nord de la ville, le long de la N164. Un corps de ferme qu'ils ont, en 2027, décidé de faire entièrement isoler. Il y ont installé une borne de recharge pour le véhicule électrique, et l'ont doté d'un chauffage géothermique.

Depuis leur arrivée, Loudéac a continué de changer... en particulier la zone d'activité à proximité. Les bâtiments, tout comme les vastes parkings bitumés, y ont par exemple été largement végétalisés.

Les usages de la zone commerciale ont, eux aussi, évolué. Au-delà des voitures, quasi toutes électriques, on y croise de plus en plus de vélos : cargos équipés de remorques, de plateaux... Et, plusieurs pompes de la station-service ont laissé la place à des bornes de recharge électrique.

Sur le parking sont rangés plusieurs composteurs. Là où se rend d'ailleurs Élory, ce jeudi matin, en voiture avec ses déchets « verts » de la semaine. Pour rappel, le compostage des biodéchets est en effet obligatoire depuis 2024 pour les particuliers.

Enfin, si la galerie commerciale abrite toujours les commerces, on y trouve désormais des espaces de loisirs, de travail... avec une salle de sport, un espace de coworking ainsi qu'une maison médicale, là où Maëlen se rend ce matin même pour sa séance de kiné hebdomadaire. Une maison médicale dotée, outre le cabinet d'un généraliste, d'une cabine de téléconsultation augmentée qui permet d'avoir accès à certains spécialistes du CHRU de Brest et du CHU de Rennes.

En centre-ville, le couple aime aussi à déambuler, notamment le samedi

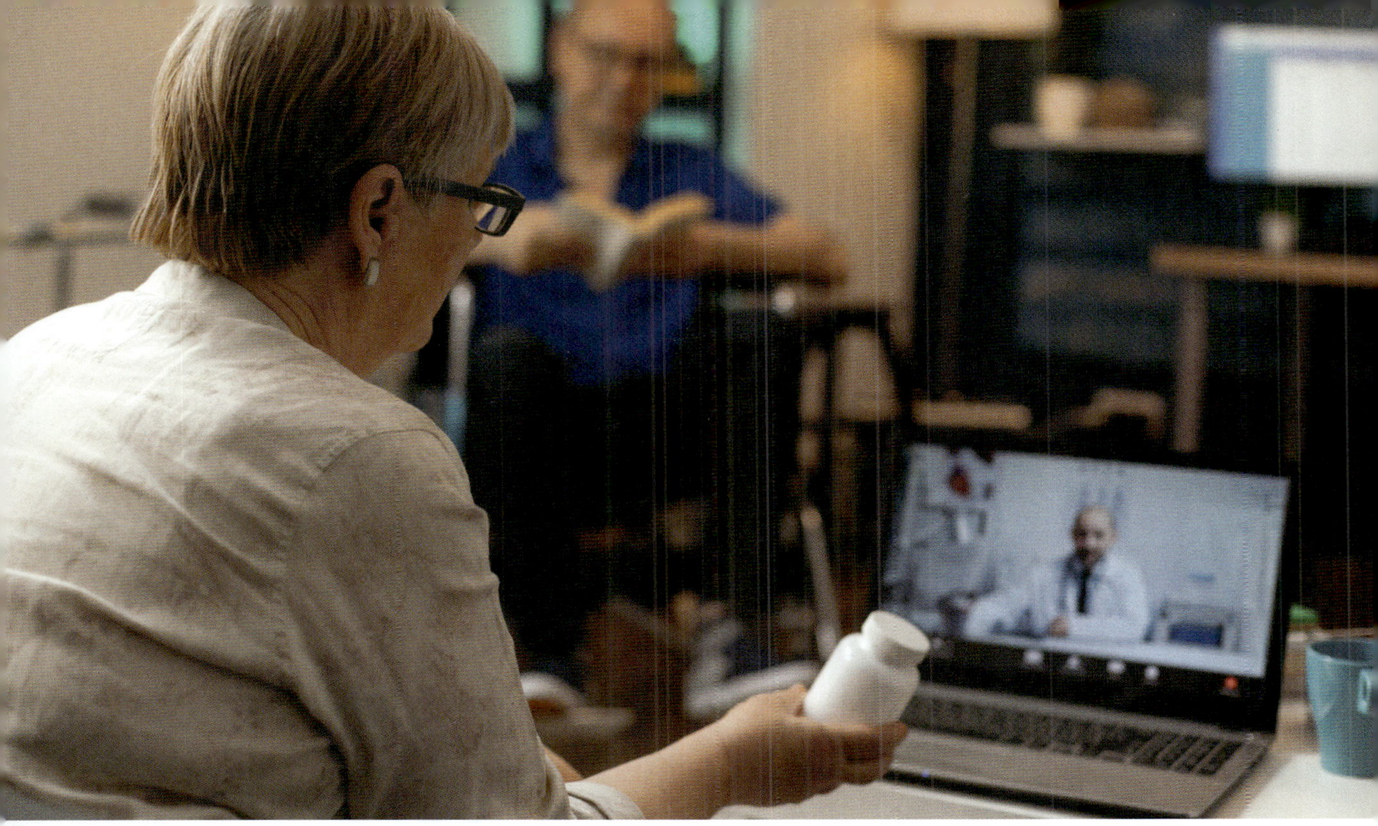

TÉLÉMÉDECINE Favorisant l'accès aux soins pour tous grâce aux nouvelles technologies, la télémédecine se généralise après avoir connu un essor en 2020 dû à la pandémie de coronavirus. © DC_Studio

matin et profiter du marché hebdomadaire, avenue des Combattants. Après avoir stationné leur voiture sur l'un des différents parkings relais, la traversée du cœur de ville s'effectue très simplement, en suivant le « parcours piétons », bien balisé, qui reprend le réseau de venelles de l'ancien village, favorisant ainsi la pratique de la marche à pied.

En cet automne 2030, on trouve également, à Loudéac, de nombreuses actions, comme tout au long de l'année, en faveur de l'environnement. La protection et la valorisation de la nature ayant été un autre axe de développement de la ville. Dès 2014, notamment via le projet « zéro phyto ». L'objectif général affiché étant d'envisager l'ensemble des nouveaux aménagements via « le prisme du développement durable ».

Ce qui s'est traduit concrètement par une protection des milieux naturels, la plantation de 300 arbres chaque année… Les espaces verts ont également fait évoluer les 80 000 mètres carrés de massifs de la ville avec des plantations à forte concentration de vivaces, permettant de réduire la consommation d'eau et de diminuer les interventions d'entretien…

Un objectif de développement durable qu'on retrouve également derrière la réduction des consommations d'énergie (gaz, électricité, fuel), le passage aux LED ou encore la réduction des consommations d'eau potable… Avec, à chaque fois, une très forte implication des citoyens dans la politique environnementale de la ville. Cela fait partie aussi d'ailleurs des raisons qui ont convaincu Maëlen et Élory de s'établir à Loudéac.

Au-delà du parc de loisirs Aquarev, 30 hectares ont été aménagés autour d'un large étang, à l'est du centre-ville : Élory aime y taquiner le sandre tandis que Maëlen profite du parcours sportif. Comme chaque année, ils participeront aussi au traditionnel concours de maisons fleuries. Les deux sexagénaires se félicitent du partenariat de la ville avec l'association Vert Le Jardin qui a notamment permis d'ouvrir et végétaliser plusieurs espaces municipaux, comme les cours des bâtiments scolaires (écoles, collège…). Un moyen simple de lutter contre les îlots de chaleur. Ils apprécient également l'association Les Incroyables Comestibles qui permet aux Loudéaciens aujourd'hui de cultiver et récolter leurs légumes. Sans oublier les bacs de plantation qui parsèment la ville. « *Bref, Loudéac, c'est un peu un village à la ville* », déclarent Maëlen et Élory, de concert en souriant.

VERS UN CHANGEMENT DES PRATIQUES ET DES USAGES EN VILLE

CARLOS MORENO

PROPOS RECUEILLIS PAR
ÉTIENNE THIERRY-AYMÉ

Chercheur reconnu, régulièrement récompensé pour son approche innovante et ses travaux pionniers sur les enjeux urbains (médaille de la Prospective de l'Académie française d'architecture en 2019, Leadership Award, Smart City Expo World Congress en 2021...), le professeur franco-colombien Carlos Moreno est directeur scientifique de la Chaire « Entrepreneuriat – Territoire – Innovation » à l'IAE Paris Université Panthéon-Sorbonne.

Il conseille également de nombreuses personnalités nationales ou internationales, en leur proposant des solutions aux enjeux auxquels sont aujourd'hui confrontés les villes, les métropoles et les territoires. Human Smart City, ville du quart d'heure, territoire de la demi-heure... sont autant de concepts que Carlos Moreno a contribué à populariser, qui ont fait le tour du monde.

« LES CHOIX, QUE NOUS FAISONS AUJOURD'HUI,

SONT ESSENTIELS POUR NOTRE AVENIR. »

Étienne Thierry-Aymé : *À quoi vont ressembler les villes dans le futur ?*
Carlos Moreno : Il faut d'abord nous poser les bonnes questions, à commencer par nous demander : dans quelles villes voulons-nous vivre ? Jusqu'à présent, nous avons beaucoup procrastiné sur ces sujets. Notamment sur la question environnementale... Or, il y a urgence à agir. En ville en particulier. Sans attendre. Surtout lorsqu'on sait que le taux de renouvellement d'une ville est de 1% par an *[ndlr : Le taux de renouvellement urbain, c'est le taux de reconstruction d'une ville sur elle-même. La ville pouvant être renouvelée sur des quartiers anciens ou sur des friches industrielles].*

Donc, les choix que nous faisons maintenant, aujourd'hui, au présent, sont essentiels pour notre avenir.

Avec cette grande interrogation : comment transformer nos villes pour qu'elles répondent aux différentes urgences auxquelles nous devons faire face ? Enjeux climatiques, sociaux, etc.

« Tout le monde est à l'heure mais personne n'a le temps de vivre avec les autres. »

Repenser nos villes pour qu'elles soient résilientes, accueillantes, qu'elles permettent de lutter contre l'exclusion sociale, ou encore qu'elles permettent de régénérer l'économie locale, créer de l'emploi...

Je suis pour ma part convaincu que la pérennité de nos sociétés passera par cela, la régénération urbaine et retrouver la notion de proximité qui nous permettra de changer de modèle. C'est en tout cas l'essence des propositions que j'ai faites jusqu'à présent, en particulier au travers les notions de ville du quart d'heure. Bref, il nous faut absolument renouer avec le concept d'une proximité heureuse.

E. T.-A. : *Quelles sont les principales difficultés, barrières qu'il nous faudra surmonter pour y parvenir ?*
C. M. : Il existe aujourd'hui trois grands obstacles. Mais qui sont en même temps trois grands leviers pour y arriver. D'abord la notion de distance. On a laissé en effet les distances devenir le marqueur essentiel de nos villes. Sauf, qu'à force, pour reprendre un concept développé par le sociologue Richard Sennet, les distances sont devenues « un vice », une perte de temps utile... Il nous faut donc commencer par lutter contre tous ces déplacements inutiles, tous les déplacements pendulaires, qui vont à l'encontre de la durabilité tant recherchée aujourd'hui. Passer une heure trente voire deux heures chaque jour juste pour aller d'un point A à un point B, de son lieu d'habitation à son lieu de travail, ce n'est plus possible ! Il y a un vrai besoin au quotidien de « démobilité » afin de réduire notre impact environnemental et climatique.

E. T.-A. : *Et, au-delà des distances ?*
C. M. : Deuxième constat, dans les lieux où nous habitons, il ne se passe strictement rien en journée : tous ces mètres carrés sont perdus, ne servent à rien la journée. Il faut donc que nous soyons capables de revenir sur l'habitat monofonctionnel.

À force de ne pas habiter ses lieux dans la journée, on a perdu aussi le contact avec les autres, le sens du collectif, la conscience de faire société. Je le dis souvent mais aujourd'hui « *tout le monde est à l'heure mais personne n'a le temps de vivre avec les autres* ». Bref, dans nos façons de vivre ou de nous déplacer, nous sommes nous-mêmes, chacun à notre niveau, attentatoires à la planète. Et, pourtant nous continuons... Prenons le cas des mobilités, plus de la moitié de nos déplacements réalisés en voiture sont par exemple inférieurs à 6 kilomètres. Cela n'a pas de sens. Cela ne peut pas continuer. Cela n'est pas durable.

E. T.-A. : *Au-delà du constat sévère que vous dressez... Que nous faut-il donc faire alors ?*
C. M. : Il faut absolument changer nos rythmes de vie dans la ville, et le Covid en ce sens a montré la voie... Surtout, il nous a montré que, collectivement et individuellement, c'était tout à fait envisageable, possible de se déplacer moins, et d'utiliser les ressources que nous avions à proximité de chez nous. Même en ville. Il faut donc que nous apprenions à utiliser les infrastructures et les bâtiments « plus et mieux » ainsi qu'à régénérer les activités localement, au plus près, avec aussi plus d'espaces consacrés aux activités publiques qui favorisent les relations entre voisins. Bref, réapprendre à faire société. Et, pour reprendre un concept cher à Blaise Pascal pour qui « *Dieu est une sphère infinie, dont le centre est partout*

POTAGER
Cultiver fruits et légumes en ville permet aux habitants de manger des produits de saison, sains et de cultiver en circuit court.
© DR. / Sous les fraises-Ferme urbaines

et la circonférence nulle part », il faut que nous allions vers des villes où le centre est partout, et la circonférence nulle part, un polycentrisme urbain en quelque sorte.

Ce qui va finalement à rebours de soixante-dix ans de construction et d'élaboration urbaine que nous venons de connaître et qui a eu pour conséquences de fragmenter les villes, avec des centres prospères et des banlieues, dans certaines régions, en déshérence... Il nous faut donc désormais transformer cette vision polycentriste de la ville en une option à court terme. Réaliste.

E. T.-A. : *Réaliste ? Ne serait-ce pas, au contraire, une vision idéaliste de voir les choses ?*

C. M. : Je ne le pense pas. Et, je ne suis d'ailleurs pas le seul aujourd'hui. Le secteur du bâtiment notamment ses *big players* mondiaux que sont les constructeurs, les promoteurs, les développeurs du secteur résidentiel ou encore ceux de l'immobilier de bureau, et leurs associations représentatives à l'échelle mondiale (IWG, FIABSI, etc.)* – que je connais bien pour travailler avec eux et les accompagner – sont aujourd'hui unanimes pour dire qu'il faut vraiment aller vers une mixité des usages et des pratiques, repenser et organiser la densité du tissu urbain, aller vers des bâtiments, des lieux de vie où mélanger les usages, les activités, mixer lieu de vie et lieu de travail... Idem à l'intérieur des bâtiments d'habitation, il faut apprendre à vivre différemment, avec des pièces repensées. On a par exemple désormais beaucoup plus besoin d'un bureau chez soi que d'une chambre d'amis, ou alors il faut que cette pièce soit capable de faire les deux.

* Le 10 juin 2022, à Paris, Carlos Moreno s'est ainsi vu décerner le prix de World Pioneer Award for Building Better Lives dans la catégorie « On the Ground », à l'occasion du Gala du 72e FIABCI World Real Estate.

Quant aux grands acteurs ayant énormément de fonciers, comme les centres commerciaux, ils cherchent eux aussi aujourd'hui à se transformer, avec de plus petites surfaces capables d'intégrer de nouvelles fonctions, des lieux de culture, des zones vertes, etc. C'est vraiment une tendance de fond, très claire, très nette au niveau mondial.

E. T.-A. : *Et, il y a urgence de toute façon...*
C. M. : Oui, avec des températures record un peu partout en France et dans le monde, et des épisodes climatiques, précipitations, grêles, etc., de plus en plus intenses, sévères, comme vous dites, il y a urgence. « *Notre maison brûle* » pour reprendre les mots de l'ancien président de la République, Jacques Chirac, et nous ne pouvons plus regarder ailleurs ou ne pas vouloir regarder en l'air pour éviter de voir la météorite arriver pour reprendre une autre métaphore, celle du récent film *Don't look up*. Devant nous, se dresse donc le temps des changements radicaux. Nous n'avons plus vraiment le choix, sinon nous allons griller à petits feux à cause de notre mode de vie. Reste que cela fait bien quarante ans, au moins depuis le protocole de Kyoto en 1997, que nous n'écoutons pas les scientifiques. Il serait temps en effet aujourd'hui.

« On a besoin d'une écologie positive qui va nous permettre de créer des emplois. »

E. T.-A. : *Et, concrètement? Qu'est-ce qui va changer dans le tissu de nos villes ?*
C. M. : L'ensemble de l'écosystème urbain, nos usages, la morphologie de nos villes. Tout va changer. En rupture avec l'urbanisme tel que nous le connaissons depuis l'après-guerre, façonné par le béton, le pétrole et le plastique. Il faut ainsi aller vers une déconcentration, une mixité fonctionnelle des bâtiments, des usages, vers plus de vert, moins de CO_2, plus de nouvelles mobilités décarbonées, de vélos, etc. Et, la géopolitique actuelle nous y amène. Tout pousse à ça, avec la guerre en Ukraine, la pénurie de gaz russe qui s'annonce... Sans parler des problématiques alimentaires ou encore de la question des approvisionnements et de notre extrême dépendance à la Chine, que nous avons pu toucher du doigt avec la crise Covid. La relocalisation, le localisme sont d'ailleurs en train de changer d'image, ils sont aujourd'hui revendiqués. Et, on a d'ailleurs besoin de cela, d'une écologie positive, qui va nous permette de créer des emplois grâce à l'utilisation de ressources à proximité. Je crois vraiment qu'on peut créer une économie plus florissante, avec des quartiers plus vivants en repensant la ville et nos territoires. C'est ce dont notre monde et notre planète ont besoin aujourd'hui. En changeant nos pratiques et nos usages en ville, nous serons gagnants sur tous les plans.

E. T.-A. : *Quid de l'apport de la Smart City ?*
C. M. : C'est un concept qui a largement évolué au fil du temps. Dans les années 2010, on a d'abord eu la croyance, dans les pas d'IBM, que la technologie allait résoudre tous les problèmes : la gestion des espaces publics, la sécurité... Avec une vague d'intelligence embarquée, des centres de monitoring,... Une vision qui a fait long feu. À partir des années 2015, une autre vague est apparue, avec l'open data, l'ioT, la géolocalisation, etc., pour permettre une meilleure gouvernance, une meilleure gestion des budgets participatifs, un meilleur pilotage des flottes de vélos partagés notamment. Une Human Smart City comme j'ai pu la définir.

Aujourd'hui, nous sommes entrés dans une troisième phase. Nous sommes à un tournant, où nous voyons désormais la technologie comme une alliée intéressante pour améliorer les services en ville, les rapprocher des citoyens, rapprocher l'éducation et la culture par exemple, sur des courtes distances, une aide pour tout ce qu'on ne peut pas réaliser physiquement : téléconsultation, télédiscussion, etc. Et, le « design de service », qui consiste à concevoir un service centré utilisateur de manière à ce qu'il soit utile et facilement utilisable, devient la clé de voûte de cette nouvelle « ville intelligente ». L'idée étant de penser les usages au service des citoyens, pas pour les asservir.

E. T.-A. : *Vous qui avez une vision large des choses, existe-t-il un consensus à l'échelle mondiale sur ces sujets, des différences ?*
C. M. : C'est certain, l'emprise des villes n'est pas exactement la même en fonction des pays, et donc la réponse apportée ne peut pas être tout à fait la même. Si on prend juste l'exemple de la France, le phénomène de métropolisation s'est accentué ces dernières années, à Lyon, Marseille, etc. D'autant plus avec les grandes

régions. Quant au Grand Paris, excepté pour son mode de gouvernance, par sa population, il peut se comparer aux autres grandes métropoles européennes. La tendance mondiale est d'ailleurs à l'avènement des grandes métropoles, parce que la concurrence entre métropoles est mondiale. Mais quand Shangaï et ses 23 millions d'habitants regardent Nantes ou Rennes, elle ne boxe pas tout à fait dans la même catégorie.

E. T.-A. : *Reste que, à l'échelle mondiale, la proximité semble devenir la nouvelle ambition des grandes métropoles, leur nouveau paradigme ?*

C. M. : La « proximité », oui, c est le nouveau paradigme de rupture dans le monde urbain actuel, certainement aussi parce que la notion de proximité a été adoptée par le réseau mondial des villes, le C40. Avec le besoin de décentraliser, de désaturer, pas qu'à l'échelle de la ville d'ailleurs, à l'échelle de tout son territoire, avec une vision plus globale, on doit en effet considérer qu'une métropole s'inscrit dans un territoire plus large, et donc retravailler de nouvelles armatures dans les territoires, sur un diamètre d'environ une centaine de kilomètres, voir comment on décentralise à l'échelle des territoires. Rebâtir pour décentraliser à l'échelle de chaque territoire, désaturer les centres-villes, relocaliser l'emploi à proximité, rendre les services et les équipements plus accessibles, pour vivre dans des territoires plus apaisés. Et, c'est là où les villes moyennes peuvent aussi jouer un rôle très important, d'apaisement...

E. T.-A. : *C'est d'ailleurs pour cette idée que vous militez, d'une ville du quart d'heure et d'un territoire de la demi-heure ?*

C. M. : Oui. Je plaide pour cela, des nouvelles armatures urbaines inscrites dans les territoires, avec la décentralisation du travail à l'échelle des territoires. Ce qui, malgré l'urgence, est aussi un travail de longue haleine, puisque, notamment en France, nous héritons de soixante-dix ans d'un urbanisme hyper centralisateur, qui a abouti à ségréguer la ville. Bref, il faut réabsorber les différentes composantes de la ville actuelle pour permettre plus de mixité sociale, de décentralisation, et favoriser le multicentrisme. Mais, c'est en effet une tout autre manière de voir la ville, son territoire, ses banlieues... qui nécessite d'en finir, sans attendre, avec nos villes fragmentées où de nombreuses activités dépendent des déplacements en voiture ou en transports en commun.

Paris s'imagine en « ville du quart d'heure »

« Et si les Parisiens, petits et grands, pouvaient tout faire en bas de chez eux, ou presque ? » Faire leurs courses, travailler, s'amuser, se cultiver, faire du sport, se soigner... voici l'un des grands objectifs de la « ville du quart d'heure », le concept inventé par Carlos Moreno, qui inspire aujourd'hui la capitale.

Et, elle n'est pas la seule... Puisque plusieurs métropoles à travers le monde, Ottawa, Copenhague, Melbourne, etc., travaillent à repenser leur tissu urbain afin de limiter les déplacements polluants et améliorer leur cadre de vie.

À Paris ou ailleurs, Carlos Moreno a dégagé six grandes fonctions sociales qui doivent être rapidement accessibles, en quinze minutes, depuis n'importe quel point de la ville : se loger, travailler, accéder aux soins, s'approvisionner, apprendre et s'épanouir. Et, c'est donc ce à quoi travaille aujourd'hui la capitale française qui ambitionne dans le futur de devenir « *une ville des proximités, toujours plus écologique* », souligne sa maire, Anne Hidalgo.

Un objectif qui exigera, dans les faits, de repenser l'utilisation d'un certain nombre d'équipements, comme les cours d'école, végétalisées et ouvertes en dehors des horaires scolaires afin d'accueillir les habitants qui pourront y trouver des activités ludiques, sportives, culturelles ; d'en imaginer d'autres, comme les « kiosques citoyens », où les citoyens pourront se rencontrer, s'entraider... ou encore avoir accès à des agents de la ville ou des associations ; les *sport social clubs*, de nouveaux lieux de vie où parents et enfants pratiqueront gratuitement une activité sportive et où il sera également possible de bénéficier d'une garde d'enfants ou d'une aide aux devoirs. Un seul lieu donc, à chaque fois, mais avec plusieurs activités. Bref, des espaces pensés ou repensés pour être « multifonctionnels ». Cette autre idée chère à Carlos Moreno. Reste que pour être acceptée, rien ne pourra se faire sans l'avis des habitants des différents quartiers de Paris. C'est pourquoi au-delà des expériences pilotes menées arrondissement par arrondissement, les habitants devraient être aussi consultés.

UNE VILLE CONNECTÉE ET INTELLIGENTE

DEPUIS 2019, L'AGGLOMÉRATION D'ANGERS INVESTIT DANS LE TERRITOIRE INTELLIGENT POUR RÉALISER DES ÉCONOMIES D'ÉNERGIE ET AMÉLIORER LES SERVICES PUBLICS.

RÉALISÉ PAR **ÉTIENNE THIERRY-AYMÉ**

Du haut de son promontoire rocheux, des siècles d'histoire vous contemplent. Pratiquement huit siècles après leur édification, les hautes tours du château d'Angers sont toujours là, immuables, leurs pierres alternant la blancheur du tuffeau à la noirceur du schiste, elles dominent la Maine qui coule en contrebas.

Siècle après siècle, le château des Ducs d'Anjou est devenu l'emblème et l'image de la préfecture de Maine-et-Loire... Mais, c'est à une tout autre image que travaille depuis 2019 l'agglomération (290 000 habitants, 29 communes) dont le maire Christophe Béchu a été nommé, début juillet 2022, ministre de la Transition écologique. Longtemps belle endormie, Angers se rêve désormais en territoire intelligent et connecté.

Pour cela l'agglomération s'est associée au spécialiste de l'efficacité énergétique Engie Solutions, en partenariat avec Suez, La Poste, et le groupe VYV, pour un total de 178 millions d'euros sur douze ans.

Un contrat exceptionnel par son ampleur et sa durée, « *sans équivalent en France* », assure Constance Nebbula, l'élue au Numérique et à l'Innovation de l'agglomération.

Avec pour volonté de « *passer d'une gestion statique à une gestion dynamique* » du territoire. « *Là où par exemple les équipements "classiques", en matière d'éclairage ou d'arrosage fonctionnent selon des programmations fixes, il s'agit de passer à une gestion adaptée aux besoins, en temps réel* », poursuit-elle.

LA VILLE INTELLIGENTE est avant tout une ville connectée, où la data récoltée permet de rationaliser les politiques publiques et la gestion de la ville, de réaliser des expérimentations et de rendre les territoires intelligents.
© **Photomontage : L. de Serres / Ville d'Angers.**

Avec notamment l'installation de capteurs et de sondes pour réguler l'arrosage dans les parcs et jardins de la ville, au plus près des besoins, en tenant compte de l'humidité du sol et des précipitations.

Concrètement, l'agglo espère pouvoir réduire de 30 % la consommation d'eau pour l'arrosage de ses parcs et jardins publics, et économiser, dès 2025, jusqu'à 66 % sur ses dépenses d'éclairage public ou encore réaliser 20 % d'économie dans les bâtiments public en électricité, gaz, ventilation... Soit, au total, jusqu'à 101,2 millions d'euros d'économies.

Engie Solutions prend en charge toute la conception, la fourniture et l'exploitation des outils technologiques, et la centralisation des données collectées. Avec comme promesse pour l'agglo de disposer d'une meilleure vision de ce qui se passe sur son territoire grâce au développement de plusieurs outils de gestion centralisée : jumeau numérique, gestion technique centralisée, hypervision.

Vous avez dit « jumeau numérique » ? Il s'agit de la représentation 3D de l'intégralité du territoire de l'agglomération. Complété par des données topographiques, d'exposition ou encore d'utilisation des espaces, ce double numérique doit permettre par exemple d'identifier les différents îlots de chaleur sur le territoire afin de guider les décideurs sur les travaux à réaliser en matière notamment de désimperméabilisation des sols ou de plantation d'arbres. Un outil qui pourra aussi être exploité pour la gestion du trafic routier, ou encore pour prévoir les conséquences de crues et adapter les futurs projets urbains, en se basant sur les données issues des inondations passées.

Autre outil mis en place, l'hypervision urbaine, qui permet de centraliser, dans une même application, l'ensemble des données issues des différents capteurs déployés dans l'agglo dans le cadre du territoire intelligent : consommation d'énergie, qualité de l'air, température des bâtiments, occupation des places de parking... Là encore, l'accès aux data, en temps réel et sur la durée, devrait permettre une connaissance plus fine du territoire, dans de nombreux domaines. À commencer par la sécurité, thème cher aux politiques, avec notamment un outil de pilotage très précis de l'ensemble des caméras de vidéoprotection installées dans l'agglo. Il permettra également la prise en main d'autres équipements connectés au territoire intelligent, comme l'éclairage public, en particulier, pour augmenter, si nécessaire, la luminosité d'une zone à surveiller.

Reste « La » grande question, celle de l'acceptation du « territoire intelligent » par les citoyens. La Banque des Territoires, le bras armé de la Caisse des Dépôts pour les collectivités, de rappeler que le territoire intelligent n'a en effet aujourd'hui pas que des adeptes. Et, que pour séduire, être accepté, et utilisé, il doit avant tout être « une démarche plutôt qu'une finalité », avec l'usager-citoyen en son centre. Chaque territoire devant s'approprier ce concept pour lui donner sa propre « coloration ».

Le sociologue Gaëtan Brisepierre, du cabinet GBS, ne dit pas autre chose et pointe qu'au-delà du « *rêve d'ingénieurs, d'une ville automatique pilotée par les algorithmes* », le territoire intelligent va d'abord avoir besoin « *de partir des attentes et des besoins exprimés par ses habitants, sur le terrain* ».

Le sociologue de rêver d'un territoire « anthropocentré », en remplacement de « *l'imaginaire actuel technocentré* ». « *Le territoire intelligent et connecté est plus un travail de dentelle sur le quotidien, qu'une solution unique applicable partout* », *prévient-il.*

DES VILLES QUI DEVRONT MIEUX RÉPONDRE AUX BESOINS DES HABITANTS

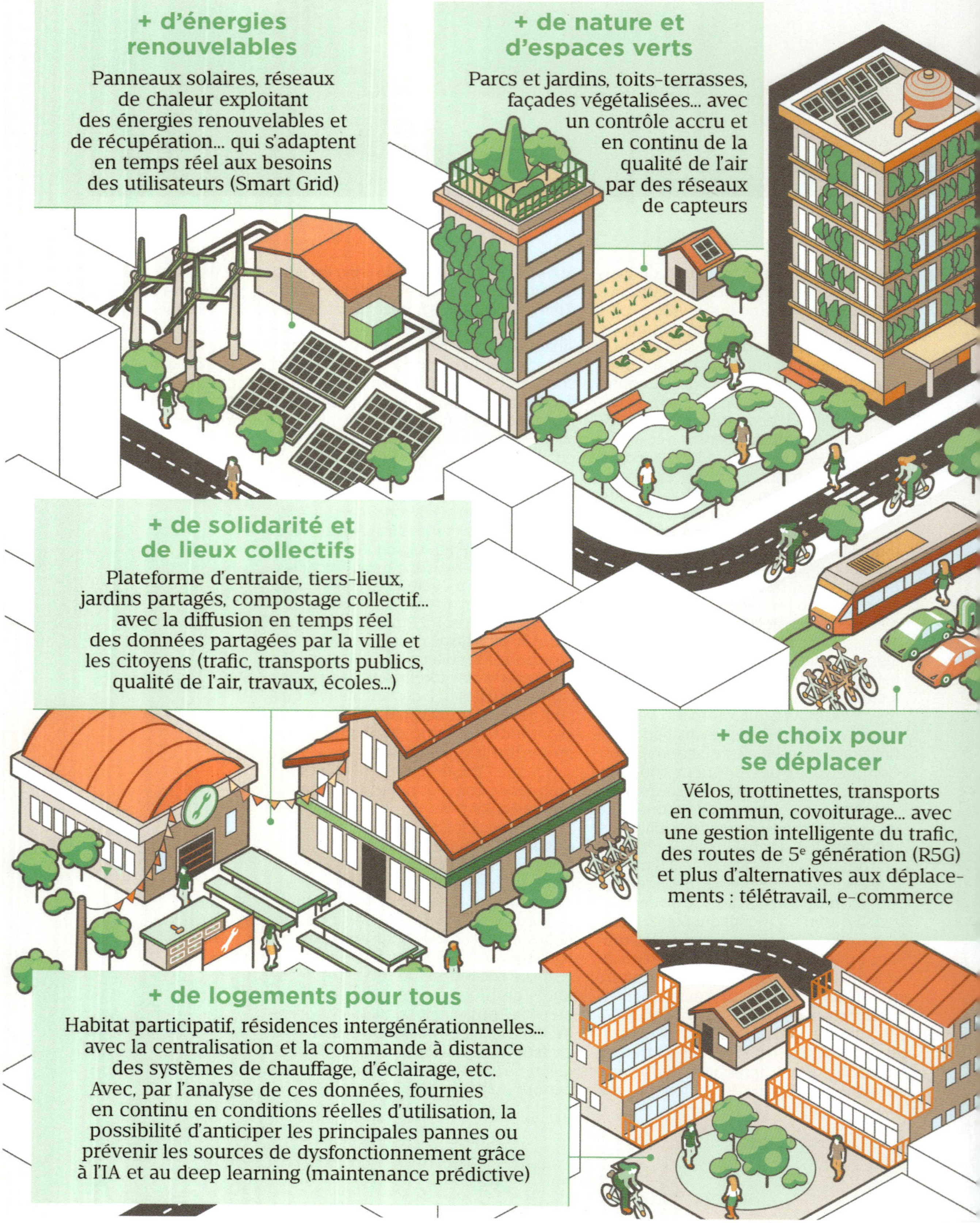

+ d'énergies renouvelables

Panneaux solaires, réseaux de chaleur exploitant des énergies renouvelables et de récupération... qui s'adaptent en temps réel aux besoins des utilisateurs (Smart Grid)

+ de nature et d'espaces verts

Parcs et jardins, toits-terrasses, façades végétalisées... avec un contrôle accru et en continu de la qualité de l'air par des réseaux de capteurs

+ de solidarité et de lieux collectifs

Plateforme d'entraide, tiers-lieux, jardins partagés, compostage collectif... avec la diffusion en temps réel des données partagées par la ville et les citoyens (trafic, transports publics, qualité de l'air, travaux, écoles...)

+ de choix pour se déplacer

Vélos, trottinettes, transports en commun, covoiturage... avec une gestion intelligente du trafic, des routes de 5e génération (R5G) et plus d'alternatives aux déplacements : télétravail, e-commerce

+ de logements pour tous

Habitat participatif, résidences intergénérationnelles... avec la centralisation et la commande à distance des systèmes de chauffage, d'éclairage, etc. Avec, par l'analyse de ces données, fournies en continu en conditions réelles d'utilisation, la possibilité d'anticiper les principales pannes ou prévenir les sources de dysfonctionnement grâce à l'IA et au deep learning (maintenance prédictive)

L'immeuble intelligent

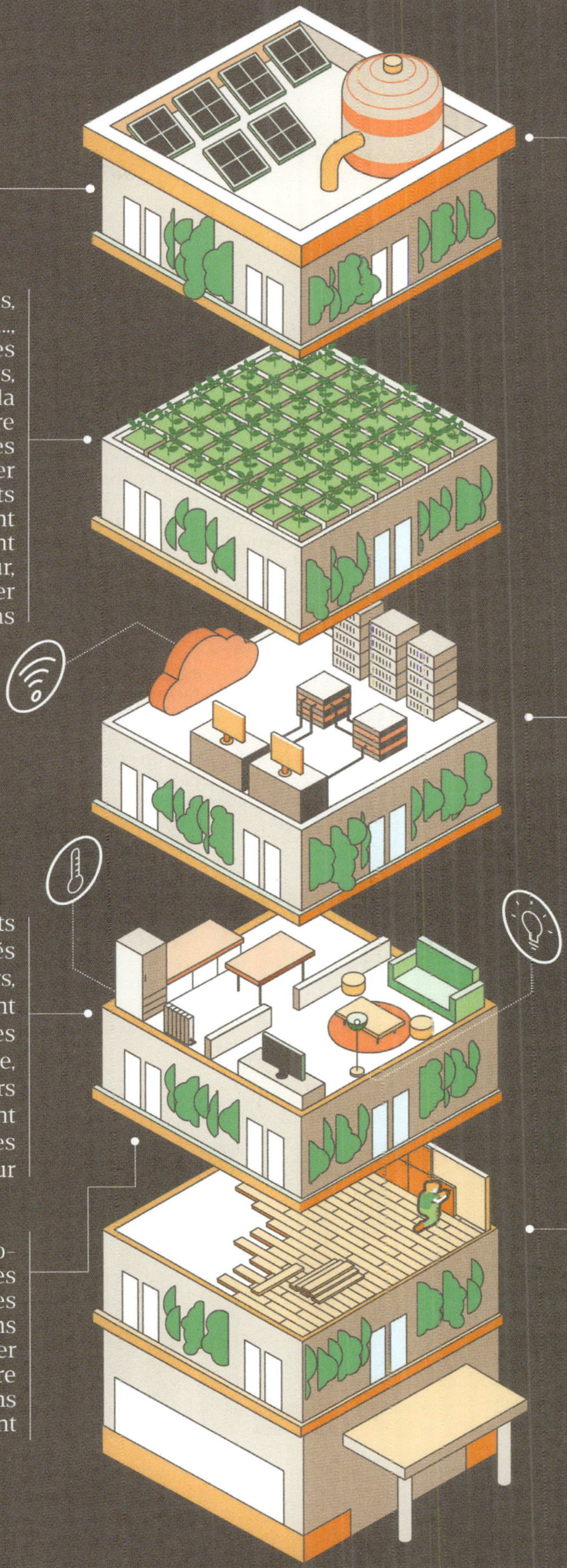

Source : Ademe

UNE VILLE NEUTRE POUR LE CLIMAT

RÉALISÉ PAR
ÉTIENNE THIERRY-AYMÉ

« *Qu'il s'agisse d'écologiser les espaces urbains, de lutter contre la pollution atmosphérique, de réduire la consommation d'énergie dans les bâtiments ou de promouvoir des solutions de mobilité propre : les villes sont souvent la clé de voûte des changements dont l'Europe a besoin* », souligne Frans Timmermans, vice-président exécutif responsable du Pacte vert pour l'Europe, à la Commission européenne.

C'est pourquoi, le 28 avril dernier, l'Europe a présenté les lauréats de sa nouvelle initiative en faveur de la transition énergétique, baptisée « Villes neutres pour le climat et intelligentes ».

Sur les 377 dossiers déposés en 2021, 100 grandes villes, représentant 12 % de la population européenne, ont été retenues dont Göteborg, qui truste régulièrement les premières places des palmarès des villes les plus durables au monde. La métropole suédoise a par exemple créé, au printemps 2021, une *Green City Zone* où se déplacer exclusivement sans émettre de CO_2. À Rome, autre ville retenue, le maire, Roberto Gualtieri, lui, soutient la recherche de solutions partagées entre métropoles européennes, « au défi mondial de la durabilité » ; quand « l'Agenda 2030 » de Paris – elle aussi heureuse élue, en matière de respect de ses objectifs de développement durable (ODD) –, est aujourd'hui cité comme exemple, notamment pour sa politique Pro-Vélo.

Cent villes de l'UE, auxquelles il convient d'ajouter douze grandes villes des pays limitrophes, comme Sarajevo, Glasgow ou encore Reykjavik.

En France, au-delà de Paris, ce sont également huit autres grandes villes qui s'inscrivent dans le dispositif dont Bordeaux, Nantes, Lyon ou encore Marseille.

La ville de Lyon s'est réjouie d'intégrer un « *réseau de villes inspirantes* », rappelant qu'elle mobilise déjà « *plus de 80 acteurs issus de tous les secteurs (universitaires, milieux économiques, urbanisme, mobilité, associations, partenaires institu-*

tionnels, etc.) » autour de son projet « Lyon 2030 ». Quand la cité phocéenne, elle, s'est félicitée de cet « *acteur fondateur* », marquant « *une nouvelle ère de transformation écologique* » pour Marseille.

Au total, une avant-garde de 112 métropoles ayant accepté de s'engager sur une trajectoire de réduction drastique de leurs émissions de CO_2. Puisque l'objectif qui leur est fixé est, ni plus ni moins, celui d'atteindre la neutralité carbone d'ici à 2030. À plus long terme, les lauréates devraient servir d'aiguillon et de laboratoire à l'ensemble des villes européennes. Pour rappel, l'objectif fixé par l'UE étant celui d'atteindre la neutralité carbone sur tout son territoire en 2050, moins 55 % d'ici à 2030.

Et concrètement ? Chaque ville devra signer, avec l'UE, un contrat pour le climat adapté à son territoire, qui comprendra ses engagements en matière de réduction des émissions de CO_2 dans le secteur de l'énergie, des bâtiments, la gestion des déchets ou encore des transports. Ce qui passera notamment par favoriser l'innovation et l'expérimentation. Du sur-mesure en quelque sorte plutôt que du prêt-à-porter. Pour cela, une enveloppe de 360 millions d'euros a d'ores et déjà été dégagée par l'UE pour les années 2022-23. « *Ce qu'il y a de très encourageant dans ce nouveau dispositif,* estime le sociologue Gaëtan Brisepierre, du cabinet de sociologie GBS (voir ci-contre), *c'est que l'initiative citoyenne est au cœur de la démarche européenne.* »

L'UE d'insister en effet sur le rôle primordial que va avoir à jouer la société civile – habitants, associations... – sur ces questions. Les personnes « *qui vivent dans les villes ont un impact énorme sur l'environnement et sur le climat et peuvent être un moteur de la transition vers la neutralité climatique* », rappelle ainsi l'UE. C'est pourquoi les contrats de ville devront fournir aux habitants de nouvelles plateformes pour agir, et des ressources pour concevoir et mettre en œuvre leurs projets en faveur de la transition énergétique, afin de les faire remonter du terrain. Plus globalement, l'ambition européenne étant de favoriser une transition juste, afin d'améliorer la santé et le bien-être des personnes en apportant « *de nombreux avantages supplémentaires à la transition,* souligne l'UE, *comme l'amélioration de la qualité de l'air, la création d'emplois et l'adoption de modes de vie plus sains* ». Une transition durable certes, mais aussi sociale et responsable.

GAËTAN BRISEPIERRE

SOCIOLOGUE, SPÉCIALISTE DE LA TRANSITION ÉCOLOGIQUE DES BÂTIMENTS

© ThomasBaltes

« LA VRAIE RÉVOLUTION EST DANS LE CHANGEMENT DE NOS MODES DE VIE. »

E. T.-A. : *Que penser de l'initiative « 100 villes neutres pour le climat » ?*
Gaëtan Brisepierre : Ce qui est intéressant, c'est que cette approche ne semble pas uniquement tournée vers le défi technologique mais prend en compte les dynamiques citoyennes. C'est encourageant quand on sait que les changements qui aboutissent vraiment sont ceux qui partent de la population. Dans cette volonté de tenir compte des aspirations des citoyens, cette initiative n'est d'ailleurs pas sans rappeler un certain nombre d'autres innovations sociales en matière de transition également portées par des projets européens..

E. T.-A. : *Lesquelles avez-vous en tête ?*
G. B. : Concours des familles à énergie positive, concours d'économies d'énergie des bâtiments tertiaires publics et privés... ce sont d'abord des projets européens qui ont permis la naissance de ces dispositifs. En s'inscrivant dans le temps long, l'Europe joue en effet un rôle majeur dans la transition énergétique. Une telle approche favorise les changements en profondeur, en construisant l'adhésion des populations.

E. T.-A. : *Comment envisager la ville de demain ?*
G. B. : Il faut d'abord sortir de l'imaginaire de la révolution, qui structure le débat public, pour repenser la ville en travaillant sur le terrain localement avec les habitants. La vraie révolution est là, dans le changement de nos modes de vie, la sobriété... Ce qui va finalement à contre-courant de la manière, productiviste et consumériste, dont s'est construite la ville jusqu'à présent. Mais cela vient heureusement petit à petit à l'agenda politique. Avant de penser agrandir la ville, construire de nouveaux bâtiments, dans une perspective de transition écologique, il faudra aussi rénover les bâtiments actuels, reformater leurs usages, les densifier, les surélever. Avec aussi un retour de la nature, avec des bâtiments plus souples sur le plan des usages, et une moins grande séparation entre résidentiel et tertiaire. Ce qui est en train déjà d'évoluer notamment grâce au télétravail.

HOLLYWOOD

ET LA NATURE S'INVITE EN VILLE

RÉALISÉ PAR **ÉTIENNE THIERRY-AYMÉ**

MAD Architects, fondé à Pékin en 2004, fait aujourd'hui figure d'aiguillon en matière d'intégration de la nature en ville, en revisitant ici les standards de l'immeuble de bureaux. En forme de sphère aplatie, The Star, c'est son nom, devrait s'élever au 6061 Sunset Boulevard, à Los Angeles, et transformer durablement l'horizon d'Hollywood, en devenant « le nouveau monument emblématique » de la capitale mondiale du cinéma. Un immeuble de bureaux de 22 étages qui intégrera des terrasses paysagères au rez-de-chaussée comme aux 10e et 17e étages, et surmonté sur son toit fermé d'un restaurant, un espace événementiel ainsi qu'un point de vue remarquable. Autant d'espaces entièrement accessibles par un funiculaire circulant sur des rails courbes qui s'enrouleront autour du bâtiment. Livraison prévue d'ici à 2026.

UN CANYON DANS UN IMMEUBLE
Faire entrer la nature par « une faille paysagée » dans la façade vitrée d'un immeuble en y implantant une sorte de canyon paysager qui abritera des terrasses plantées, de la végétation, des arbres, des pièces d'eau, et un sentier traversant toute la façade sur quatre étages... voici la prouesse que souhaite réaliser le cabinet MAD Architects, encore lui, à Denver, capitale du Colorado. Avec au total : un peu plus de 1 200 m² d'espaces de plein air. Un projet qui vise à « brouiller les frontières entre construction et nature », en s'inspirant notamment des montagnes rocheuses, toutes proches, qu'on pourra apercevoir depuis le toit-terrasse ou les balcons des différents appartements... Nom de ce futur immeuble de 16 étages, dont les travaux ont déjà débuté : The One River North, qui abritera 187 logements ainsi que 743 m² de surface commerciale au rez-de-chaussée.

LE PLUS « GRAND MUR VÉGÉTAL DES ÉTATS-UNIS »

À Beverly Hills, The Gardenhouse est conçu pour ressembler à un village au sommet d'une colline. L'ensemble est composé de 18 résidences à pignons, construites avec des cadres en bois et revêtues de verre blanc, situées au sommet d'un podium de trois étages. Ce concept de 4 460 m² est, à ce jour, le premier projet complètement achevé par le studio chinois MAD Architects, aux États-Unis. Il intègre *« le plus grand mur végétal »* du pays, dixit son concepteur. Un projet ayant permis au studio d'expérimenter, pour la première fois, sur le sol US, son concept de ville « Shanshui », qui vise à traduire les principes de la peinture de paysages naturels chinois, ou l'art du shanshui, dans la conception urbaine.

© MAD Architects

LES « TOURS FORÊT » ABSORBENT LE CO_2 ET PRODUISENT DE L'OXYGÈNE
Que ce soit à Milan, avec les deux tours du Bosco Verticale, inaugurées en 2014, ou aujourd'hui en Chine, Stefano Boeri poursuit son œuvre en faveur de l'intégration éco-paysagère et de la biodiversité dans le paysage urbain. L'architecte italien vient d'ériger deux de ses désormais célèbres tours résidentielles remplies de verdure de 80 mètres de haut, abitrant au total 209 appartements, à Huanggang dans le centre de la Chine. Leurs intérieurs s'étendant à l'extérieur pour créer de multiples balcons et terrasses, accueillant 404 arbres, 4 620 arbustes, plus 2 408 m² d'herbes vivaces, fleurs et plantes grimpantes, soigneusement choisis en tenant compte du climat local. *« Une verdure capable d'absorber jusqu'à 20 tonnes de CO_2 par an »*, dixit leurs créateurs, tout en produisant 10 tonnes d'oxygène.
© Zac Wolff/Unsplash et Mick De Paola/Unsplash

UN TRAIT D'UNION ENTRE CITOYENS AUTOUR DE LA NATURE

À Jiaxing, au sud-ouest de Shangaï, ce vaste concept de centre civique sera organisé autour d'une large pelouse circulaire de 6 000 m² dont la vocation première est d'être un parc public, où les gens pourront déambuler, se rencontrer, se rassembler, se détendre et socialiser... Grâce aussi à son toit-terrasse continu, arborant la forme d'un anneau ondulant aux courbes incurvées comme soufflées par le vent, offrant une collection d'espaces intérieurs-extérieurs, entièrement vitrés, et qui devraient relier trois bâtiments – un musée des sciences et de la technologie, un centre d'activités pour les femmes et les enfants, un autre pour les jeunes. Il est l'œuvre du cabinet MAD, encore et toujours lui. Livraison prévue d'ici à la fin de l'année 2023.

© MAD Architects

L'ENTRETIEN

ISABELLE SPIEGEL

« LES ROUTES ET AÉROPORTS NE SERONT PLUS LES MÊMES QU'AVANT. »

PHOTOS LIONEL GUERICOLAS | PROPOS RECUEILLIS PAR FABRICE LUNDY

VINCI, leader mondial des concessions, de la construction et de l'énergie, actif dans près de 120 pays est aussi bien présent sur les routes, les autoroutes, les aéroports et le bâtiment. Fort d'un chiffre d'affaires de près de 50 milliards d'euros en 2021, il emploie 260 000 collaborateurs.

Le groupe présidé par Xavier Huillard s'est fixé une ambition environnementale à l'horizon 2030 qui se décline selon trois axes prioritaires : l'économie circulaire, les milieux naturels et le changement climatique. Les transports et le bâtiment étant responsables de plus de 50 % des émissions annuelles de gaz à effet de serre, comment un géant comme VINCI conçoit-il ses métiers ?

Rencontre avec Isabelle Spiegel, la directrice environnement qui pilote toute cette stratégie.

Fabrice Lundy : *Quand on construit depuis autant d'années des routes, des bâtiments avec du béton, du goudron, se sent-on une responsabilité particulière face au réchauffement climatique ?*
Isabelle Spiegel : Évaluer les enjeux de nos métiers fait partie effectivement de notre prise de conscience. Nous avons fait notre bilan, il y a longtemps. À chaque projet, nous nous posons désormais la question d'évaluer l'impact sur l'environnement, comme on le fait sur les enjeux sociétaux également. Même si notre rôle, sur les ouvrages qu'on construit, est souvent celui d'exécutant ou d'opérateur et non celui de décideur. On doit maintenant changer de culture et depuis deux ans, on est aussi apporteur de solutions.

> « Quand c'est possible, nous budgétons le volet environnemental. Ce n'est pas automatiquement plus cher. »

F. L. : *C'est-à-dire que si un client commande une route, une autoroute, un aéroport, et qu'il n'a pas intégré cette préoccupation environnementale, vous lui proposez des solutions ?*
I. S. : Certains clients nous le demandent spécifiquement, mais ce n'est pas encore généralisé, surtout en dehors de France. Il y a des prestations de base systématiquement intégrées en matière d'économie bas-carbone. Je pense par exemple en France au recours méthodique aux aciers recyclés pour les armatures dans le béton. À chaque fois que c'est possible, nous budgétons le volet environnemental au risque que cette ligne chiffrée puisse augmenter, avec les options supplémentaires, le coût total. Ce n'est d'ailleurs pas automatiquement plus onéreux. Certaines entités ont choisi de deviser systématiquement le poids carbone de toutes leurs offres et considèrent que c'est un déclencheur de dialogue avec le client. Dans la plupart des cas, le client perçoit cette démarche très favorablement. Certains clients souhaiteraient que nous allions même plus loin. Dans le cas contraire, s'il n'en veut pas, nous aurons quand même fait le chiffrage.

Une route à induction qui recharge la batterie d'un véhicule électrique

F. L. : *Dans ce contexte comment construit-on routes et autoroutes ?*
I. S. : Aujourd'hui la moyenne du marché français, c'est à peu près 25-30 % de matériaux déjà recyclés. Nous avons poussé le curseur un peu plus loin, en effectuant le test avec 100 % de matériaux recyclés – des agrégats issus du rabotage des chaussées, remis en œuvre dans le nouveau revêtement routier. Après une démonstration qui était une première mondiale sur un kilomètre d'autoroute, le process a été déployé ensuite sur des tronçons routiers dans trois départements français.

Ça c'est le démonstrateur qui nous permet de savoir jusqu'où on est capable de pousser le curseur pour les clients qui le souhaitent. Dans les pratiques standard, pour les autoroutes, nous avons pris l'engagement de recycler désormais 90 % des enrobés, dont 45% sur nos autoroutes.

En adoptant cette logique d'optimisation pour nos engins de chantier et nos véhicules, en tenant compte de la gestion des kilomètres pour les transports, des types de carburants qu'on utilise, comme les biocarburants, nous réalisons 50 % d'économie de CO_2.

Voilà pour l'écoconception. Mais le gros enjeu des autoroutes, c'est de décarboner les émissions du trafic. Ainsi 60 % de nos aires de service sont équipées de bornes de recharge pour les véhicules électriques. L'objectif est d'atteindre 100 % début 2023. Nous planchons d'ailleurs sur l'installation de panneaux photovoltaïques pour alimenter une partie de ces bornes électriques.

Enfin, en R&D pure, nous travaillons sur un projet unique au monde de

PARCOURS
Ingénieur de l'École nationale supérieure des mines de Douai et de l'Université technique de Berlin, I. Spiegel a plus de vingt ans d'expérience dans l'environnement.

routes à induction, à l'instar d'un prototype en Allemagne et en Suède. L'idée est de permettre que la route recharge directement la batterie d'un véhicule électrique – camion ou automobile – grâce à un capteur placé sous le châssis.

Une route pour chauffer des bâtiments

F. L. : *Toujours dans cette réflexion, vous avez imaginé Power Road. En quoi cela consiste-t-il ?*

I. S. : En dehors d'assurer le trafic, la route aujourd'hui présente d'autres capacités avec Power Road. Le concept est simple : la chaussée remplit le même rôle qu'un échangeur thermique. Tout au long de l'année et particulièrement en été, l'énergie thermique solaire captée par la chaussée alimente en chaleur des équipements à proximité comme une piscine, ou bien elle est stockée dans des puits géothermiques pour être utilisée lors des mois les plus froids pour chauffer des bâtiments ou déneiger automatiquement la voirie et éviter ainsi l'utilisation massive de sel. Une réalisation a été menée à Saint-Arnoult-en-Yvelines.

Nous voulons aussi encourager le covoiturage avec des parkings dédiés ou des lignes de cars express circulant sur voies réservées.

Nous nous efforçons d'être proactifs. Encore une fois, nous ne sommes pas les seuls décisionnaires. Et il y aura toujours besoin de transports routiers, à savoir qu'ils représentent 90 % des modes de déplacement en France. D'où notre ambition chez VINCI de contribuer à apporter des solutions bas-carbone.

F. L. : *Encore un mot sur les routes. Chez VINCI, vous travaillez aussi sur les éclairages, notamment dans les tunnels.*

I. S. : Effectivement, il y a le basique, celui de passer à un éclairage LED, comme c'est le cas sur les 200 kilomètres de l'autoroute Athènes-Patras. Nous allons aussi installer des panneaux photovoltaïques chaque fois que nous le pourrons..

Des hubs à hydrogène sur les aéroports

F. L. : *Voilà pour la route... VINCI, c'est aussi le premier acteur aéroportuaire privé mondial : vous avez construit ou vous gérez 52 aéroports en Europe, Asie et sur le continent américain. L'aéroport de demain sera-t-il le même qu'aujourd'hui ? Comment l'imaginez-vous ?*

I. S. : Il ne pourra pas être le même qu'aujourd'hui, compte tenu des courbes scientifiques sur le changement climatique même si les besoins de mobilité resteront élevés.

Il y a tout d'abord de gros enjeux sur la plateforme aéroportuaire elle-même. VINCI Airports met en œuvre depuis 2015 sa stratégie AirPact avec un objectif prioritaire : être exemplaire sur la réduction de ses propres émissions de CO_2 et

MISSION
Membre du comité exécutif de VINCI SA depuis avril 2022, Isabelle Spiegel a pour mission de mettre en œuvre la nouvelle stratégie environnementale du groupe.

contribuer à réduire les émissions du transport aérien.

Par exemple, cinq de nos aéroports sont déjà certifiés selon les plus hauts niveaux par l'Airport Carbon Accreditation (trois aéroports au Japon, Lyon-Saint-Exupéry et Gatwick). Nous gérons les phases de roulage au sol – décollage et atterrissage – avec le plus d'optimisation possible. Car une minute d'attente en moins, c'est directement des milliers de tonnes de CO_2 gagnées.

Comment ? D'abord éviter des temps qui ne servent à rien. Typiquement après l'atterrissage, c'est acheminer l'avion le plus vite possible sur la plateforme. Ensuite, quand les avions sont connectés à la plateforme, ils sont obligés de maintenir de la ventilation pendant toutes les phases de nettoyage. L'idée est de leur fournir de l'électricité et « d'origine renouvelable » pour éviter de brûler du kérozène.

Nous ne maîtrisons pas tout, car nous ne sommes ni constructeurs, ni des opérateurs de compagnies. Mais nous avons introduit de la modulation tarifaire, incitant au renouvellement des flottes vers des aéronefs moins émissifs.

Nous considérons chez VINCI que nous pouvons avoir une dynamique d'influence. À Lyon-Saint-Exupéry, nous avons signé un partenariat avec Air Liquide et Airbus pour se préparer à l'avion hydrogène. VINCI Airports se prépare ainsi à transformer les aéroports en véritables hubs à hydrogène vert aptes à satisfaire les équipements au sol, mais dans un deuxième temps, en 2024-25, pour les appareils. Notre rôle n'est pas de concevoir des avions à hydrogène mais d'être sûrs que sur la plateforme, nous saurons distribuer ce nouveau carburant.

Salvador Bahia, l'aéroport le plus durable du Brésil

F. L. : *Vous avez aussi mis en place un concept d'aéroport « zéro déchet en décharge » à Salvador Bahia.*
I. S. : Salvador Bahia est un aéroport qui a été reconnu comme l'aéroport le plus durable au Brésil. Cela concerne les déchets de toutes les boutiques, les restaurants des aéroports, et aussi les déchets issus des avions. Nous avons construit, avec des partenaires, un espace de tri des déchets, pour être capables de les valoriser.

Nous avons dans toutes nos concessions un objectif « zéro déchet » en décharge à l'horizon 2030 et 17 sites sont déjà « zéro déchet » en décharge comme à Gatwick.

Et Salvador Bahia est également un site zéro rejet de liquide. Les eaux de maintenance, de lavage de bâtiment, mais aussi celles issues de la climatisation, sont retraitées et réintégrées dans les circuits, de même que la gestion des eaux de pluie alimente une partie des besoins sanitaires.

F. L. : *Le béton est un matériau polluant, comment concevez-vous désormais les bâtiments ?*
I. S. : Dans les techniques constructives, nous avons rajouté la composante environnementale. Nous avons un concept interne qui s'appelle « Environment by Design », c'est-à-dire l'environnement par l'écoconception. Cela débute par des réflexions sur la bonne quantité de matériaux à mettre en œuvre et ensuite par le fait d'aller chercher si possible, de l'acier recyclé et de décarboner au maximum.

90 % de béton bas-carbone d'ici à 2030

Alors en effet, nous sommes un gros consommateur de béton, et le travail avec les fournisseurs n'a pas forcément suffi. Donc nous avons voulu comprendre ce qui est le bon équilibre économique, technique, environnemental. La R&D est mobilisée et c'est ainsi que nous avons lancé une gamme de béton bas-carbone à partir du laitier de haut fourneau, un liant alternatif pour remplacer le clinker, principal composant du ciment traditionnel et responsable de la majorité de ses émissions de gaz à effet de serre.

Nous travaillons sur le futur et c'est effectivement quelque chose que nous avons mis en œuvre sur les structures de fondation de l'archipel, notre nouveau siège. Même chose sur la ligne 18 du Grand Paris, avec des voussoirs en béton ultra bas-carbone, émettant 90 % de CO_2 en moins.

Nous nous sommes donné l'objectif de dire qu'en 2030, nous aurons 90 % de béton bas-carbone dans tout ce que

« VINCI AIRPORTS SE PRÉPARE À TRANSFORMER LES

AÉROPORTS EN DE VÉRITABLES HUBS À HYDROGÈNE VERT. »

l'on met en œuvre chez VINCI Construction. Voilà pour le béton.

Après, il y a la construction en matériaux issus de la biomasse. Nous avons une filiale Arbonis spécialisée dans les constructions de bois. En réalité, la plupart des constructions sont des constructions mixtes : si c'est du bois, c'est bois et métal car il faut un minimum d'armature. C'est le cas d'Origine, le siège de Technip, situé juste en face de notre siège, qui est une construction bois/métal/béton, et dont la démarche écoresponsable a été reconnue par l'obtention de certifications et labels environnementaux.

F. L. : *Que faites-vous en matière de recyclage et d'économie circulaire ?*
I. S. : Dans la route ça marche, mais nous avions comme enjeu d'être capables de mettre du recyclage et du recyclé dans des ouvrages plus techniques tels que le bâtiment.

Le pendant du béton bas-carbone, c'est que nous faisons aussi du béton à partir d'agrégats recyclés. Sur l'archipel, des étages ont été construits avec une gamme de produits qui s'appelle Granulat+ chez Eurovia. Aujourd'hui, le matériau recyclé produit chez Eurovia est utilisé à moins de 5% dans des bâtiments. L'idée est de passer à un tiers d'ici à 2025.

Cela nous a poussés à avoir par exemple à Tourville-la-Rivière en Seine-Maritime, une carrière perpétuelle qui n'exploite plus de matériaux vierges, mais qui est devenue depuis un centre de recyclage.

Leboncoin de la construction

Un autre enjeu ensuite : le réemploi. Après plusieurs années de réflexion, nous avons créé une filiale, la Ressourcerie du BTP. L'idée est de récupérer des matériaux, vérifier qu'ils soient en bon état, les réhabiliter, puis les stocker pour en avoir suffisamment afin d'alimenter des nouveaux chantiers.

En interne, nous avons aussi lancé, en décembre dernier, l'application R-USE pour faciliter le réemploi des matériaux de constructions restants. Une initiative appréciée par beaucoup de collaborateurs.

Cela fonctionne comme Leboncoin : il existe des passerelles entre VINCI Energies, VINCI Construction, Eurovia, etc. Par exemple, il y a souvent des interrupteurs neufs et emballés qui restent, et les entités ont tendance à les garder en magasin pendant dix ans jusqu'à l'inventaire, avant qu'ils ne finissent par être jetés.

VINCI au secours de la biodiversité

F. L. : *Un mot sur la biodiversité : vous avez initié un certain nombre d'actions, lesquelles ?*

I. S. : Cela fait longtemps que nous avons des compétences sur ces sujets, mais nous pouvons faire sans doute beaucoup plus. C'est notamment une offre de génie écologique qui se développe de plus en plus. Quand nous allons intervenir le long d'un cours d'eau, nous allons recréer des compensations hydrauliques pour faire face aux potentielles inondations, et en même temps recréer des méandres, des zones de prairies ce qui recrée des habitats pour la biodiversité. Nous pouvons aussi y replanter des espèces végétales, des arbres en respect avec la nature, et avoir ainsi des puits de carbone.

Nous avons par ailleurs signé des partenariats, comme celui entre Eurovia (VINCI Construction) et le Muséum national d'histoire naturelle ou entre VINCI Airports et l'Union nationale de l'apiculture française afin d'éliminer l'usage de produits phytosanitaires sur l'ensemble de ses plateformes..

F. L. : *Vous avez acheté dans les dernières heures de 2021 les activités énergie de l'Espagnol ACS, très ancré dans la péninsule et en Amérique latine. La branche, appelée Cobra IS, comprend 40 000 personnes et génère six milliards d'euros de chiffre d'affaires, notamment dans le développement de concessions d'énergie renouvelable. Qu'allez-vous en faire et en quoi est-ce stratégique ?*

> « Nous avons l'ambition de développer de plus en plus de projets d'énergies renouvelables. »

I. S. : L'idée c'est de compléter notre panorama de compétences, parce qu'il y a des opportunités fortes et parce que nous avons l'ambition de développer de plus en plus de projets d'énergies renouvelables. Ce sont vraiment des compétences nouvelles et c'est aussi un équilibre géographique qui est différent. Cette acquisition est en droite ligne avec la stratégie du groupe pour être à la fois utiles aux Hommes et attentifs à la planète.

F. L. : *L'UE demande dans le cadre de la nouvelle « taxonomie* verte », que chaque groupe calcule l'impact climatique de ses activités. Cette acquisition va vous permettre de compenser certaines activités plus carbonées ?*

I. S. : On ne va pas parler de compensation, ce n'est pas ça l'idée quand on décortique la taxonomie. Il existe un tas d'activités sur lesquelles nous sommes présents quand nous construisons pour des transports en commun, pour du rail, qui sont directement dans la taxonomie et reconnus comme des secteurs éligibles. L'idée ce n'est pas d'arrêter de faire ce qu'on fait déjà pour se focaliser plus sur d'autres activités mais d'ajouter clairement une corde à notre arc. En termes d'évaluation de la proportion du chiffre d'affaires, c'est juste une activité complémentaire, pas forcément si différente de l'empreinte qu'on a actuellement.

* La taxonomie européenne (règlement européen 2020/852 du 18 juin 2020) désigne la classification des activités économiques ayant un impact favorable sur l'environnement. Son objectif est d'orienter les investissements vers les activités « vertes ».

MANUEL MALLEN,
président de Courbet.

PME LA FRANCE QUI GAGNE

DOSSIER
FABRICE LUNDY ET CAMILLE BOUR

Depuis un an et la parution du premier numéro d'*Eco Keys*, nous vous emmenons à la rencontre d'entrepreneurs à la tête de PME et d'ETI qui innovent, inventent, perpétuent des savoir-faire et contribuent ainsi au rayonnement de la France. C'est le cas des enduits Toupret connus de tous les bricoleurs, de la Compagnie comtoise des Eaux Vives qui transforme des vieux moulins en microcentrales hydroélectriques ou encore du Grenoblois Verkor qui met au point la batterie de nos futures véhicules électriques. Dans les pages qui suivent vous découvrirez également Élevage et Patrimoine, la première société de placement financier en cheptel bovin ainsi que la Maison Courbet, créatrice de diamants conçus en laboratoire, située sur la célèbre place Vendôme à Paris.

PHOTOGRAPHE
LIONEL GUERICOLAS

ET SI VOUS INVESTISSIEZ DANS UN TROUPEAU DE VACHES !

Élevage et Patrimoine à Dardilly près de Lyon est la première société de placement financier en cheptel bovin laitier français avec plus de 3 000 éleveurs partenaires depuis sa création et 30 000 vaches : c'est le plus gros troupeau européen ! Et c'est du sérieux puisque cette société de gestion est la seule à avoir été agréée l'an dernier par l'Autorité des marchés financiers avec un numéro en catégorie « biens divers » à l'instar du vin par exemple.

Si l'entreprise a une cinquantaine d'années, il faut remonter au Moyen Âge pour découvrir qu'au XIe siècle ceux qui avaient de l'argent pouvaient acheter des vaches pour diversifier leur patrimoine, et les mettre à disposition des éleveurs dans le besoin, avant d'en partager les fruits du lait et de la viande. C'est Napoléon Bonaparte qui dans la loi du 17 mars 1804, toujours en vigueur, définit le « bail à cheptel » comme un contrat par lequel « l'une des parties donne à l'autre un fonds de bétail pour le garder, le nourrir et le soigner, sous les conditions convenues entre elles ».

À l'origine d'Élevage et Patrimoine, il y a la société Gestel Locowtel, qui vient aider en 1972, en Isère, des éleveurs de la Ferme de Boulieu, la plus grosse exploitation de France avec 800 laitières. L'idée était de soulager avec un mode de financement alternatif, les exploitants qui avaient investi de grosses sommes, en vendant la moitié du troupeau à des investisseurs privés.

Un investissement dans l'économie réelle

En 1990, en raison d'une loi qui interdit l'appel public à l'épargne, l'entreprise doit se scinder en deux : Gestel devient ainsi la régie technique : c'est elle qui place le bétail mis en location et la structure Élevage et Patrimoine, la maison mère, est créée pour s'occuper de la gestion et représenter les investisseurs.
Son dirigeant est Sébastien Dumais, un ancien dirigeant de Fidelity National Information Services, une société américaine de services de paiement : « *On est là pour placer son argent dans de l'économie réelle. Certes la finance c'est mon activité mais j'ai une grande affinité avec le monde agricole.* »

Le principe est simple : la mise est de 1485€ pour acquérir une bête. Un certificat de propriété est remis, et si l'animal décède, un autre prend le relais. « *On investit sur des élevages existants ou qui vont se créer avec de jeunes agriculteurs* », explique passionnément le président de Gestel.

Plus de 2000 vaches supplémentaires arrivent chaque année. « *On préconise le bio pour pousser dans un sens environnemental mais ça ne va pas sans mal,* constate le dirigeant, *car il y a une forte déperdition au moment de la conversion de conventionnel à bio.* » L'entreprise lyonnaise veille bien à ce que le bien-être animal soit respecté avant de confier à la location les bêtes : « *Dans le contrat, c'est d'ailleurs la première condition.* »

Plusieurs formules sont proposées : soit réinvestir le gain annuel dans de nouvelles têtes, soit toucher du cash.

Un outil de souveraineté

Une formule gagnant-gagnant. D'abord pour les exploitants, qui peuvent ainsi bénéficier d'outils plus performants et plus souples en complément de ceux des banques. Sébastien Dumais est très fier : « *Cela contribue au développement de l'agriculture française, grâce à la diversification des sources de financement. Oui*

Placer son argent dans des animaux d'élevage : Entreprise et Patrimoine a remis au goût du jour une pratique médiévale.

c'est une solution d'avenir – un outil de souveraineté – même si cela représente moins de 1 % du cheptel laitier. »

Ensuite pour les 1 200 investisseurs déjà séduits par le rendement annuel de 3,3 % en moyenne sur les dix dernières années et par la fiscalité douce qui permet d'amortir à hauteur de 10 % sa mise, en réduction de ses revenus. Séduits aussi peut-être par ce que le dirigeant qualifie « d'investissement à impact positif, responsable et solidaire. » Pour Sébastien Dumais, il n'y a pas photo et « *les banques nous le disent : on ressemble beaucoup à des valeurs refuges. Un peu comme l'immobilier* ».

Un placement attractif qui a, comme ailleurs, attiré des escrocs promettant monts et merveilles. Il y a quatre ans, une bande de malfaiteurs n'avait rien trouvé de mieux que de recopier les documents d'Entreprise et Patrimoine. L'AMF veille en lançant régulièrement des messages d'alerte.

La prochaine étape pour l'entreprise de Dardilly ? « *Élargir aux vaches allaitantes, donc les vaches à viande et ensuite démocratiser notre solution financière pour séduire 100 % des éleveurs français de bovins et un jour proposer nos solutions à l'échelle européenne* », se plaît à rêver Sébastien Dumais.

SÉBASTIEN DUMAIS,
président d'Élevage et Patrimoine.

IL FABRIQUE DES ENDUITS DE PLUS EN PLUS NATURELS

GARY HAWORTH,
CEO de Toupret.

Retenez bien ces deux couleurs : rouge pour reboucher et bleu pour lisser. Celui qui a inventé ce système de codification français, c'est Toupret, l'inventeur des enduits de préparation des murs et des plafonds, prêts à l'emploi, comme son nom l'indique. C'est le leader en France. Une idée géniale sortie en 1938 de l'imagination de Désiré Jardin qui conçoit une poudre à base de carbonate et d'adjuvants que l'on délaye pour faciliter le travail du peintre sur tous les chantiers. À cette époque, les artisans fabriquaient leur propre enduit. Le carbonate de calcium est un minéral naturel présent dans le calcaire qu'on va trouver dans la craie, le quartz, le marbre, le plâtre, mais aussi les coquilles d'œufs. La famille Jardin est encore là dans l'entreprise de Corbeil-Essonnes.

En poudre, en pâte, les enduits s'adaptent à toutes les surfaces sur les chantiers. « *Le cœur de notre marché c'est le peintre décorateur. Mais dans les faits, on s'adresse à tous les corps du bâtiment comme l'électricien une fois qu'il a mis les câbles* », constate avec enthousiasme Gary Haworth, le directeur général de Toupret. La gamme s'adresse en effet à tous les profils, du bricoleur du dimanche, aux professionnels pour les deux tiers de ses ventes – peintres, plâtriers, plaquistes. Le marché de la rénovation est l'activité principale. Championne sur son marché, l'entreprise emploie aujourd'hui 200 salariés pour un chiffre d'affaires 2020 de près de 62 millions d'euros.

80 ans d'innovations

« *Nous sommes tout le temps en train d'innover* », s'exclame le patron de Toupret, avec son léger accent anglais charmant. L'entreprise concevra notamment en 1960 les premiers enduits pour la préparation et la réparation des façades : « *Nous avons une équipe de R&D de 10 personnes, et nous investissons chaque année 4% du chiffre d'affaires dans la recherche.* »

Résultat : un produit sur quatre n'existait pas il y a encore trois ans. Toupret veut coller au plus près des préoccupations du moment, la santé et le bien-être par exemple. « *Nous avons conçu Saneo®, un enduit dépolluant qui capte et détruit les formaldéhydes pour purifier durablement l'air intérieur et éviter une pollution intérieure très nocive.* » Toujours dans cette direction, Toupret a conçu des emballages propres qui suppriment la poussière dans les rayons ou les transports.

Cap vers la chimie du végétal

L'environnement bien-entendu est au cœur aussi de sa recherche. La nouveauté de cet automne c'est l'accélération vers la chimie du végétal. Si le carbonate et le gypse sont des matières d'origine naturelle, les adjuvants ne le sont pas toujours. D'où cet effort pour faire émerger des matériaux biosourcés et écoresponsables issus de la biomasse végétale et animale. Et Gary Haworth avec sa bonne humeur est fier de l'annoncer à l'occasion de Batimat en ce mois d'octobre 2022 : « *Nous avons mis au point une matière première naturelle à base des produits de la mer comme les coquillages qu'on va utiliser dans nos produits dès la fin de cette année.* »

Toupret pense aussi aux utilisateurs. L'entreprise a eu l'idée, il y a deux ans, d'utiliser des pulvérisateurs de peinture Graco pour projeter des enduits en changeant la buse, rendant la tâche plus facile.

Ce souci de prendre soin des hommes et des femmes – clients comme collaborateurs – se retrouve sur les différents sites ultra-modernes et digitalisés, l'historique à Corbeil-Essonnes, à Tigery dans le même département, à Estivareilles dans la Loire et en Espagne.

Recours au lean manufacturing

Le fabricant d'enduits a en effet mis en place il y a deux ans un système de *lean manufacturing*, cette méthode de management inspirée par Toyota visant à l'amélioration des performances de l'entreprise. « *On regarde si l'usine est propre et bien rangée. Chaque matin a lieu un brief de 10 minutes sur les problèmes et priorités du jour et pour responsabiliser les opérateurs du terrain* », explique le directeur général qui a mis en place un référent *lean* sur chaque site et un comité de pilotage afin d'offrir toujours plus de valeur au client.

D'ailleurs le nouveau hub logistique permet d'assurer un stockage jusqu'à 17 000 palettes et de répondre quasi aussitôt aux clients en France comme à l'international. L'international justement. Le groupe réalise près de 30 % de son chiffre d'affaires en dehors de France au travers de ses cinq filiales au Royaume-Uni, au Benelux, en Suisse, en Espagne et en Pologne. Signe de reconnaissance : Gary Haworth a été nommé il y a à peine un an, conseiller du commerce extérieur de la France.

Reboucher – Égaliser – Lisser : Toupret, née il y a plus de 80 ans, dans l'Essonne, a inventé l'enduit prêt à l'emploi.

UNE VRAIE PASSION POUR L'HYDROÉLECTRICITÉ

C'est l'histoire d'un passionné d'hydroélectricité : Bruno Havet, actuel directeur des achats d'un grand groupe. Ses vacances, il les passe dans des moulins à eau. Une façon de combler une vieille frustration lors d'un voyage au Canada, il y a vingt ans, avec sa femme qui refuse de faire un détour de 1000 kilomètres pour aller visiter une usine hydroélectrique ! Ce qui ne le refroidit pas. Il suit une formation à Grenoble et finit par contaminer son père, juste retraité, un oncle, et un copain de son école d'ingénieur, devenu son futur associé Sébastien Lecomte, à la tête de la société d'investissement S2E.

« *On a décidé de chercher un vieux moulin à eau à retaper pour y mettre une turbine. Ça a pris du temps, on a parcouru toute la France* », se souvient avec nostalgie Bruno Havet qui jette son dévolu sur l'un d'eux en Charente, à Balzac, au nord d'Angoulême.

Originaire de Franche-Comté, l'enthousiaste ingénieur visera ensuite l'Est – la Seine Amont, la Champagne, le Doubs où il rachète d'anciennes installations qu'il adosse à la maison mère La Compagnie comtoise des Eaux Vives, née il y a une douzaine d'années.

Un parcours du combattant

Pour son fondateur, c'est une évidence, les quelque 2500 microcentrales privées en France n'ont que des avantages* « *La microélectricité : c'est l'énergie renouvelable la plus pure, qui ne dégage pas de gaz à effet de serre, opérationnelle toute l'année et dont la turbine peut durer cent ans. En termes de durabilité, c'est fantastique !* » Malheureusement, selon lui, ce potentiel est « gâché ». « *La France a de la chance avec ses montagnes et ses cours d'eau mais elle est emprisonnée par son millefeuille administratif.* » Il faut en effet environ dix ans entre le moment où l'exploitant met la main sur un site et la mise en activité : un véritable parcours du combattant, car pour « turbiner », il faut de nombreuses autorisations émanant d'administrations. Pour le droit d'eau, on peut avoir un parcours un peu simplifié si on possède un titre historique antérieur à la nuit du 4 août 1789, voire pour les cours d'eau domaniaux avant l'édit de Moulins de 1566 réglementant les aliénations au domaine royal !

« *Avec les moulins à eau c'est toute l'histoire de France qui ressurgit à l'occasion de ces procédures*, explique Bruno Havet. *Il faut souvent se plonger dans des archives en vieux français, en latin, voire dans une autre langue, quand il s'agit de provinces étrangères comme la Franche-Comté avant le traité de Nimègue de 1678 permettant à Louis XIV d'annexer la région.* »

Une histoire de France qui a révélé la force des moulins à eau dans les villages, puisque souvent, c'est à ses pieds que s'installait une industrie locale – forge, tuilerie, tannerie.

La renaissance de villa

C'est le cas du moulin de Courteron – 110 habitants – dans le sud de l'Aube, l'un des premiers en France à avoir été équipé, en 1868, pour éclairer les rues.

Une découverte faite par Bruno Havet à la fin d'une longue journée à crapahuter. Il tombe nez à nez sur l'ouvrage, inopérant depuis la Libération. *Le coup de foudre.*

Pour réaliser le projet, il doit mettre 1 million d'euros, dont il obtiendra le tiers auprès de 300 contributeurs (dont la Maison de Champagne Fleury) sur la

* Selon France Hydro Électricité, les 2 300 petites centrales sur 250 000 km de cours d'eau représentent 6 TWh de production, soit la consommation de 1 300 000 foyers.

Avec la Compagnie comtoise des Eaux Vives, il transforme des vieux moulins en microcentrales hydroélectriques.

plateforme de *crowdfunding* Lumo, le reste émanant de prêts du Crédit Coopératif. Huit ans plus tard, le moulin mu par des vis d'Archimède, tournant sous l'effet de la chute de l'eau, peut produire 600 000 kWh par an soit la consommation de plus de 200 foyers. À la grande satisfaction des habitants du village car la société des Eaux Vives de Courteron a pu certes remettre le moulin en marche, mais aussi entretenir la rivière pour retirer sangliers morts ou troncs d'arbres qui arrivent charriés par les eaux. Aujourd'hui, l'entreprise de Besançon est à la tête d'une quinzaine de moulins. De gros projets l'attendent dans les Alpes où au-delà de 2 000 mètres. Napoléon III avait fait planter des forêts pour stabiliser les sols face à la présence de laves torrentielles et de glissements de terrain. L'ONF qui en a la gestion, considérant qu'il y a là un potentiel hydroélectrique, a donc lancé un appel à projets sur lequel Bruno Havet s'est positionné pour construire ex nihilo une dizaine de microcentrales dans la vallée de la Maurienne et de l'Ubaye. Encore une réminiscence de l'Histoire de France !

BRUNO HAVET,
associé de la Compagnie comtoise des Eaux Vives.

LE PIONNIER FRANÇAIS DE LA BATTERIE PROPRE

BENOIT LEMAIGNAN, cofondateur de Verkor.

Le Vercors fut le lieu historique en 1944 de la Résistance que l'on connaît. Verkor, lui, est en train d'écrire une autre histoire, celle de l'automobile de demain.

C'est officiel depuis le mois de mai, on ne pourra plus acheter en 2035 de voitures neuves à moteur thermique dans toute l'Union européenne. La jeune pousse de Grenoble avait senti le vent tourner en 2020 en se lançant sous l'impulsion de ses six cofondateurs. « *Nous visons un changement de régime de la même ampleur que lorsqu'on a retiré les chevaux des villes dans les années 20,* explique Benoit Lemaignan, cofondateur et président du directoire, un ancien ingénieur aéro chez Airbus, passé ensuite par Carbon 4, la société de conseil de Jean-Marc Jancovici. *La batterie électrique m'est apparue comme le prochain gros défi pour être transformant sur le plan des usages et sur le plan industriel.* »

Verkor a une ambition claire : accroître la production de batteries bas-carbone et faire de l'Europe un acteur clé : « *Un véritable outil de souveraineté. D'autant que le continent dispose de tous les atouts nécessaires sur son territoire : les industries chimiques, électriques, minières et automobiles, sans oublier le potentiel humain* », s'enthousiasme Benoit Lemaignan.

De grands volumes et des rendements élevés

Elle s'est trouvée dès le départ des actionnaires de premier plan* ainsi qu'un partenaire et futur client qui n'est autre que Renault qui lui achètera au départ les deux tiers de la production de la future gigafactory de Dunkerque. Benoit Lemaignan ne peut s'empêcher d'ailleurs de saluer « *l'engagement de Luca de Meo, son président, pour localiser cette production en France et en Europe* ».

L'entreprise grenobloise va produire des cellules de batteries électriques et les proposer à des prix accessibles. La batterie, c'est 40 % de la valeur d'une voiture électrique.

« *Nous avons une forte conviction,* explique Benoit Lemaignan : *celle d'être capable de produire de façon très digitale et très innovante pour obtenir de grands volumes et des rendements élevés. Nous avons construit toute l'équipe autour de ça avec tous les métiers aussi nombreux que divers, telles la papeterie, la chimie ou l'électromécanique.* » Verkor ce sont actuellement 160 collaborateurs.

Concevoir des batteries propres, grâce à une énergie propre bas-carbone nucléaire non fossile et des métaux, tels le lithium ou le cobalt choisis selon une exigence environnementale forte, « *c'est un point très important dans nos discussions avec Renault,* rappelle le président de Verkor. *On y travaille spécialement pour le nickel avec l'un de nos nouveaux actionnaires, le Sud-Africain Sibanye -Stillwater.* » Une démarche vertueuse qui va jusqu'au recyclage quasiment au pied des usines pour faire de la boucle courte, sachant qu'une batterie a une durée de vie de vingt ans.

Une école de la batterie à Grenoble

Être proche des consommateurs sur un continent qui veut montrer l'exemple, c'est ce qui a conduit Verkor à planter son drapeau sur le Grand Port Maritime de Dunkerque (GPMD) à Bourbourg, là où sera installée sa gigafactory opérationnelle en 2025. C'est l'une des trois prévues dans la région avec celles du Chinois Envision à Douai, et d'ACC – Stellantis-Total-Saft – à Douvrin dans le Pas-de-Calais. La concertation préalable s'est tenue en juillet pour Verkor. Elle aura une capacité de production de 16 GWh de cellules par an afin d'équiper jusqu'à 300 000 voitures, avant de tripler les volumes en 2030 avec 1 million de batteries. De là, elle fournira, entre autres, non loin, les usines de Renault à Dieppe et à Douai.

1 200 personnes travailleront sur place, venues de 30 pays différents. « *On recrute mondialement mais 80 % des embauches se feront localement,* s'exclame son président. *On monte une école de la batterie à Grenoble, un site de formation et de talents !* »

Trois gigafactories, ce ne sera pas un luxe pour répondre à la demande croissante du marché. Les experts estiment à un térawatt-heure (1 000 gigawatts-heures), la capacité de production en 2030. Ce qui ne refroidit pas le dirigeant de Verkor. « *On n'a pas de retard et on sera le premier marché.* »

La jeune entreprise compte lever 1,5 milliard d'euros pour son usine nordiste « une plateforme d'attractivité forte ». Une valorisation qui va la positionner désormais comme une nouvelle licorne française.

* EIT InnoEnergy (Commission européenne), Groupe IDEC, Schneider Electric, Capgemini, Renault Group, EQT Ventures, Arkema, Tokai COBEX et Demeter FMET.

Le Grenoblois Verkor est en train de s'imposer comme le pionnier français de la batterie « propre ». Un énorme enjeu !

VERS UNE JOAILLERIE PLUS RESPONSABLE

Typique de l'urbanisme classique français, la place Vendôme est sans doute l'une des plus célèbres de la capitale. Devenue un lieu mythique et incontournable de la haute joaillerie, s'y établir était une évidence pour Courbet. Lancée officiellement en mai 2018, la maison doit son nom à Gustave Courbet, connu pour son tableau *L'Origine du Monde*. Un choix qui n'est pas le fruit du hasard puisque le peintre était aussi un révolutionnaire de la place. Un vrai symbole pour la marque qui, depuis ses débuts, bouscule les codes en proposant à la vente des bijoux en or recyclés et des diamants de synthèse conçus en laboratoire.

L'histoire d'une rencontre

À l'origine de cette entreprise, une rencontre entre Manuel Mallen et Marie-Ann Wachtmeister. Âgé de 54 ans, lui, a dirigé des grandes maisons de joaillerie à l'instar de Piaget et de Baume & Mercier. Elle, a un parcours plus éclectique dans des grands groupes de conseil et de produits de consommation avant de se tourner vers le design de bijoux. Des parcours et des profils différents mais une envie commune : celle de faire du beau en faisant du bien à la planète et aux hommes. Le mentor de Manuel Mallen, Alain Dominique Perrin, fondateur et président de la Fondation Cartier, l'encourage, dès le début : *« Il faut créer une marque plutôt que d'en racheter une. »* Pour les fondateurs, les défis sont de taille.

La technologie au service de l'écologie

Aujourd'hui, la grande majorité des diamants et de l'or est extraite de mines, dans des conditions qui se font au détriment de l'environnement et des populations locales. C'est la technologie qui va permettre à la jeune entreprise de proposer des bijoux éthiques et écologiques. En 2017, Manuel Mallen et Marie-Ann Wachtmeister découvrent qu'il est possible de créer des diamants de synthèse parfaitement similaires à leurs homologues naturels d'un point de vue gemmologique. Rapidement, ils décident de s'associer avec Alix Gicquel, chercheuse et présidente de Diam Concept, à l'origine des premiers diamants français. *« On reproduit en laboratoire ce que la nature a fait. Le diamant est composé à 100 % de carbone. On remet donc le carbone dans les mêmes conditions qu'il y a des millions d'années sous terre »*, explique le cofondateur. Si une partie de la fabrication est réalisée dans l'Hexagone, ces diamants proviennent également des États-Unis, aujourd'hui leader dans le secteur.

Le détail est poussé même un peu plus loin, l'or est à son tour recyclé. L'objectif : éviter toute forme d'extraction. Pour ce faire, la maison de joaillerie fait appel à une entreprise spécialisée dans le recyclage de l'or présent dans les appareils électroniques notamment les smartphones et les ordinateurs.

Pour Manuel Mallen, c'était une évidence : *« On en a déjà extrait plus qu'il n'en reste.** »* Mais ne croyez pas que la Maison Courbet est uniquement disruptive, elle perpétue des savoir-faire très anciens. Pour satisfaire la clientèle exigeante, le joaillier a fait appel à des fondeurs, sertisseurs, polisseurs, basés à Paris, à Lyon mais aussi en Italie, à côté de Milan. *« Ce sont les mêmes artisans qui travaillent pour les grandes marques de la place Vendôme »*, souligne le cofondateur. Et d'ajouter : *« On n'a pas voulu faire d'économie même si cela coûte cher. »* Quatre ans après sa création, la Maison Courbet

* La Terre a un capital d'or estimé à 244 000 tonnes. 187 000 tonnes ont déjà été extraites dont deux tiers ces 70 dernières années, d'après le World Gold Council.

La Maison Courbet crée des diamants de synthèse dont les pierres sont taillées dans la pure tradition française.

semble s'être fait une place sur le marché très fermé de la haute joaillerie française.

Un marché en pleine mutation

Après une deuxième levée de fonds de 7 millions d'euros en avril 2020, l'entreprise s'est implantée en Chine. De son côté, la clientèle est au rendez-vous, notamment des millennials, très sensibles aux problématiques sociales et environnementales. On est loin des *blood diamonds*, ces « diamants de sang » qui alimentent les nombreuses guerres livrées en Afrique. Les prix sont généralement plus attractifs en comparaison avec la joaillerie de luxe traditionnelle. « *Ils sont tout de même de 30 % à 40 % moins chers car nous avons moins d'intermédiaires* », précise Manuel Mallen. Il faut compter 320 euros pour un bracelet avec un 0,05 carat et 7 900 euros pour une bague avec un diamant de 1 carat. Pour les deux fondateurs, le message est clair : « *L'écologie ne doit pas être punitive sinon elle ne passera pas.* »

MANUEL MALLEN, président de Courbet.

L'INTELLIGENCE DES ARBRES

TECHNOLOGIE DE CAPTATION DE CO_2

Biodiversité, climat... les forêts sont des piliers des écosystèmes planétaires et la tentation d'en planter le plus possible est grande. Mais le discernement s'impose pour garantir la cohérence et la pérennité de ces plantations.

L'été 2022 a été meurtrier pour les forêts. L'Europe, y compris la France, a été particulièrement touchée. À l'échelle mondiale, ces incendies forestiers représenteraient 4 à 5 % des émissions de CO_2. En brûlant, les végétaux libèrent le dioxyde de carbone (CO_2) qu'ils stockaient, ainsi que d'autres gaz à effet de serre tels que le méthane ou le protoxyde d'azote, tandis que les sols relarguent le CO_2 stocké sous terre.

Dans le monde entier, ces mégafeux créent une pression supplémentaire sur des forêts déjà malmenées par une déforestation massive depuis les années 1990. Pour y prélever du bois de chauffage dans certains pays en développement, récupérer de l'espace pour l'agriculture ou l'élevage comme en Amérique du Sud, y exploiter des mines ou des hydrocarbures, comme le Congo qui lance un appel d'offres pour l'exploitation de gisements pétroliers, ou pour

RÉALISÉ PAR
DOMINIQUE PIALOT

AMAZONIE
Le poumon vert de la planète brûle. L'Institut national de recherche spatiale (INPE) a identifié 33 116 foyers d'incendie, rien que pour le mois d'août 2022.
© Carl de Souza

les remplacer par des plantations d'huile de palme, de soja, de café ou de cacao destinées à l'exportation... les forêts sont attaquées de toutes parts. En Amazonie, 18 arbres sont abattus chaque seconde au profit de l'agriculture et de l'élevage. Selon la Food and Agriculture Organization (FAO), la Terre a perdu 13 milliards d'hectares de forêt depuis l'an 2000, la surface d'un pays comme l'Angleterre.

66 millions d'arbres plantés en une journée

Or, aussi bien à l'échelle locale que globale, les forêts fournissent de nombreux services. En y cueillant des fruits ou d'autres plantes, en y chassant, en exploitant le bois, pour leur propre consommation ou pour le vendre, les communautés locales y trouvent des moyens de subsistance. Elles filtrent l'eau, contribuent à la fertilité des sols, servent d'habitat à certaines espèces animales et abritent des plantes qu'on ne trouve nulle part ailleurs. Les forêts tropicales, en particulier, sont de véritables hotspots de biodiversité. Or, à l'instar des bassins de l'Amazonie et du Congo, elles sont parmi les plus menacées. Outre ces atteintes à la biodiversité, la déforestation nuit à la résilience des territoires, rendus plus vulnérables aux événements climatiques extrêmes tels que les inondations ou les sécheresses. Enfin, la disparition des forêts contribue doublement au réchauffement climatique : en relarguant le CO_2 qu'elles ont séquestré tout au long de leur croissance et en réduisant à néant les puits de carbone qu'elles représentaient.

Depuis deux décennies, ces multiples atouts des arbres ont conduit à de nombreux projets de préservation de forêts existantes mais aussi de nouvelles plantations. Le défi de Bonn, lancé par le Programme des Nations unies pour l'environnement (PNUE) en 2011, visait à l'origine la plantation de 350 millions d'hectares en 2020, puis 2030. De nombreux États et villes se sont lancés dans une course à qui planterait le plus : 440 millions d'arbres en 2040 pour l'Irlande, 1 milliard en 2050 pour l'Australie, 10 milliards pour le Pakistan... En 2017, l'Inde en aurait planté 66 millions en une seule journée. Les pays africains rivalisent aussi d'ambition, sans toujours prendre en compte l'impact sur les populations agricoles. La Grande muraille verte du Sahel, un projet entamé en 2007, se poursuit bon an mal an. Dix-sept pays de la région se sont donné pour objectif de bâtir une ceinture végétale de 7 600 kilomètres de long et 15 kilomètres de large, destinée à relier Dakar à Djibouti à l'horizon 2030.

1 200 milliards d'arbres pour capter 30 % du CO_2 dans l'atmosphère

C'est dans ce contexte, aiguillonné par l'urgence climatique, que Thomas Crowther a mené, il y a quelques années, un projet d'une ampleur inégalée. Convaincu du rôle central des arbres comme puits naturel de CO_2, ce jeune chercheur britannique, professeur d'écologie à l'École polytechnique fédérale de Zurich, a mis son enthousiasme, son énergie... mais aussi le big data et l'intelligence artificielle au service d'un projet un peu fou : calculer la quantité d'arbres ac-

Selon la Food and Agriculture Organization, la Terre a perdu 13 milliards d'hectares de forêts depuis l'an 2000.

tuellement présents sur la planète et surtout l'espace disponible pour en planter de nouveaux. Une personne en Indonésie avait par exemple pour mission d'évaluer le nombre d'arbres et d'espèces d'une forêt précise. En extrapolant 400 000 observations de terrain de ce type et en les combinant à 80 000 images satellites, Thomas Crowther et son équipe ont comptabilisé 3 000 milliards d'arbres, « *sept à huit fois plus que les estimations précédentes* », s'est réjoui le chercheur. Surtout, ils ont conclu qu'en tenant compte de critères concernant le sol, la topographie ou le climat, et sans empiéter sur les zones urbaines ni sur les terres agricoles, près de 9 milliards d'hectares seraient disponibles pour y planter 1 200 milliards d'arbres supplémentaires. Des cartes affichant les zones disponibles pour de nouvelles plantations, essentiellement situées au Canada, États-Unis, en Australie et en Russie, ont été mises à disposition des ONG et des politiques. « *Mais chacun peut aussi zoomer sur son propre jardin pour voir quelles espèces, il pourrait encore y planter, et combien de CO_2 il pourrait y séquestrer* », expliquait Thomas Crowther en interview, voyant dans ses travaux un moyen de permettre à tous d'agir contre le changement climatique « sans attendre les décisions politiques venues d'en haut ».

Au total, son équipe a estimé à 205 gigatonnes (Gt) de CO_2, la capacité de stockage de ces 1 200 milliards d'arbres, soit 30 % du CO_2 anthropique contenu dans l'atmosphère. Publiées dans un article de *Science* en juillet 2019, ces conclusions ont décuplé les espoirs placés dans les arbres. Les participants au World Economic Forum de Davos de janvier 2020 se sont engagés à en planter collectivement 1 000 milliards, alors que l'ONU s'était jusque-là contentée de viser un milliard.

Rétablir les services écosystémiques

Cependant, l'ampleur de ces résultats a suscité les critiques de plusieurs collectifs de chercheurs, reprochant aux travaux de Thomas Crowther de surestimer le potentiel de séquestration du CO_2 sur une surface donnée, de comptabiliser comme disponibles des terres en réalité indispensables à certains usages ou populations, et de faire fi des difficultés pratiques de mise en œuvre.

Il est vrai que prédire la quantité future de CO_2 dans l'atmosphère, ou combien de terres seront nécessaires pour faire face aux besoins futurs liés à la démographie, sont des exercices délicats. « *Calculer le nombre d'arbres à planter pour absorber le carbone excédentaire impliquerait de prendre en compte la quantité future de CO_2 dans l'atmosphère, qui va continuer d'augmenter pendant la croissance des arbres, sous l'effet des activités humaines,* souligne Marc-André Selosse, professeur du Muséum national d'Histoire naturelle de Paris. *Sans compter que l'exactitude des prévisions climatiques dépend des politiques qui seront mises en œuvre ou pas dans les prochaines années.* »

« *Purement théorique, le potentiel de séquestration obtenu par Thomas Crowther a été calculé à partir des terres disponibles repérées par images satellites, qui incluent par exemple, des terres de parcours pour l'élevage itinérant, ou encore les savanes,* rappelle Alain Karsenty. *Or ce sont des écosystèmes très riches, qui abritent une biodiversité spécifique, et dont la suppression conduirait à rejeter dans l'atmosphère tout le CO_2 contenu dans leurs sols* », observe-t-il.

© MargJohnsonVA

DOCUMENTAIRE
The Great Green Wall
de Jared P. Scott
avec Inna Modja.
© D. R.

Enfin, ces travaux auraient sous-estimé la complexité du foncier dans certaines régions du monde, où il est difficile d'identifier les propriétaires d'un terrain mais aussi de les convaincre de le mettre à disposition d'un tel projet. Sans parler de s'en occuper, ce qui est pourtant une condition sine qua non du succès des plantations.

Au total, ces scientifiques ont estimé que la capacité de stockage de CO_2 correspondant aux plantations envisageables était plus proche de 42 Gt, soit cinq fois moins que le résultat obtenu par Thomas Crowther.

Plus discret dans les médias, son laboratoire continue de travailler sur le terrain et de rassembler des retours d'expérience du monde entier afin d'intégrer, à ses modèles d'apprentissage automatique, les avantages et inconvénients de différentes solutions. À cette fin, il a également lancé en partenariat avec Google un écosystème en ligne baptisé « Restor ».

Au-delà de la seule plantation d'arbres, le chercheur insiste aujourd'hui également sur la restauration des terres, c'est-à-dire leur retour à l'état initial. Mais aussi sur la préservation des bénéfices pour les communautés locales, un aspect qu'on lui avait beaucoup reproché de négliger dans son projet initial.

Car ce qui importe, c'est bien le rétablissement de services écosystémiques en termes de biodiversité, de lutte contre le changement climatique et de bien-être des populations locales.

La permanence des nouvelles plantations en question

Malheureusement, ces résultats sont loin d'être atteints par la majorité des projets forestiers actuels, qui ont vu leur nombre décuplé ces dernières années en lien avec la compensation carbone et plus encore avec l'objectif de neutralité carbone visé par des États, des collectivités locales et des entreprises.

Prévu par le Protocole de Kyoto, le mécanisme de la compensation consiste à financer des projets permettant de réduire les émissions de CO_2 en quantité équivalente à ce que l'on cherche à contrebalancer : un événement, un projet ou une activité dans son ensemble. On distingue les marchés de conformité tels que l'EU ETS en Europe et le marché volontaire, utilisé par des organisations soucieuses de se verdir. Ainsi, en 2021, Total, accompagné par le groupe Forêt Ressources Management (FRM), s'est engagé à planter 40 000 hectares au Congo pour y séquestrer plus de 10 millions de tonnes de CO_2 sur vingt ans.

Les crédits carbone issus d'activités forestières ne sont acceptés que sur certains marchés de conformité, et pas en Europe. La commercialisation de crédits REDD+ (Réduction des émissions dues à la déforestation et à la dégradation forestière) a été évoquée lors de la COP26 mais, à ce jour, seules des diminutions absolues d'émissions peuvent être prises en compte sur le marché onusien.

Sur le marché volontaire en revanche, la moitié des crédits carbone ont un lien avec la forêt, pour l'essentiel des projets de déforestation évitée. Alain Karsenty, chercheur au Centre de coopération internationale en recherche agronomique pour le développement (Cirad), se montre très réticent à propos de tels projets : difficile d'évaluer la capacité de stockage d'un grand écosystème, de choi-

Ériger un mur d'arbres de 8 000 km

AFRIQUE
Le programme « La Grande muraille verte » vise à combattre les changements climatiques. Constitué d'une multitude de pratiques durables d'utilisation des terres, il regroupe 20 pays africains. Image tirée du documentaire « The Great Green Wall ».
© MAKE WAVES production

sir un scénario de référence réaliste... « *La plupart des projets utilisent des scénarios prospectifs de* business as usual *impliquant une déforestation importante,* observe le chercheur. *Autrement dit, ils prévoient le pire afin de pouvoir prétendre avoir évité le pire.* »

À ses yeux, l'inclusion des forêts dans les mécanismes de crédits carbone pose plusieurs problèmes, y compris pour les plantations. D'abord, un décalage temporel entre les émissions immédiates à compenser et le temps long nécessaire pour que les arbres plantés stockent l'équivalent du carbone émis. Ensuite, de non-permanence. « *Planter des arbres peut permettre de stocker longtemps du CO_2 mais cela n'a de sens que si l'on ne déstocke pas,* souligne Marc-André Selosse. *Il faut être certain que malgré le changement climatique, ces forêts vont effectivement se développer et ne pas brûler. Or le risque d'incendies s'accroît partout sur la planète.* » Sans compter qu'aux yeux du biologiste, ces plantations sont une façon de préempter l'espace et de nier l'usage que pourraient en faire les générations futures.

« *Il faudrait pouvoir garantir que les forêts concernées ne seront ni brûlées, ni remplacées pendant au moins cent ans, que ce soit suite à des décisions politiques nationales ou tout simplement sous la pression des agriculteurs, mineurs artisanaux ou éleveurs locaux* », renchérit Alain Karsenty.

Dernier écueil, l'additionnalité. Consubstantielle au principe même de compensation, elle signifie que les résultats obtenus (carbone fixé, boisement, hectares de forêts conservés...) résultent exclusivement des efforts associés au projet, et ne se seraient pas produits dans une situation de référence, ou *business as*

Prédire la quantité future de CO_2 dans l'atmosphère sera nécessaire pour faire face aux besoins du futur.

NIGER
Paysage panoramique aérien : vue du Sahel et oasis à Dogondoutchi .
© HomoCosmicos / Alamy Banque d'images

usual. Or ce n'est pas le cas des plantations à croissance rapide et forte rentabilité (par exemple des pins pour fabriquer de la pâte à papier), qui se seraient développées, avec ou sans objectif de stockage de CO_2.

Des plantations responsables de la déforestation ?

L'avalanche de projets forestiers observée ces dernières années a également conduit les scientifiques à alerter sur le risque de planter n'importe quoi, n'importe où, n'importe comment. Pour résumer, on s'intéresserait trop à la seule quantité d'arbres plantés au détriment de l'attention qui devrait être consacrée aux moyens de conserver ces arbres dans la durée ou de travailler avec les communautés locales.

Les experts distinguent entre la reforestation, qui consiste à replanter une surface qui l'a déjà été, et l'afforestation, qui implique de transformer en forêts des espaces jusqu'alors dédiés à un autre usage. « *On compte de nombreux exemples d'afforestation ratée*, observe Christian Couturier. *Lorsqu'on remplace une tourbière par une forêt, on y perd à la fois en termes de biodiversité et de bilan carbone.* »

En outre, les plantations monocultures à croissance rapide telles que le pin ou l'eucalyptus, favorisées par la compensation carbone, sont particulièrement vulnérables aux incendies, aux pathologies végétales et aux attaques de parasites. Leurs rotations sont trop courtes pour créer des puits de carbone souterrains via leur système racinaire. Et si le bois coupé est utilisé pour des produits à faible durée de vie tels que la pâte à papier, on rate aussi l'objectif de séquestration à long terme. Enfin, importées dans des régions inappropriées, elles risquent d'en assécher les nappes phréatiques si leurs besoins en eau sont disproportionnés par rapport à la disponibilité de la ressource locale. La forte mortalité observée dans les plantations récentes apporte de l'eau au moulin de ces critiques.

« *En réalité, les plantations d'arbres sont installées au détriment des forêts naturelles et sont l'une des principales causes de la déforestation*, dénonçait le célèbre botaniste Francis Hallé dans une tribune publiée dans Le Monde en août 2020 ; *elles ne freinent pas le réchauffement global, puisque le carbone des forêts détruites retourne dans l'atmosphère, tandis que les plantations, exploitées selon des rotations rapides, deviennent des sources de CO2 et non plus des puits...* »

En revanche, les scientifiques sont unanimes pour préconiser la reforestation naturelle assistée. Mise en œuvre par exemple au Costa Rica ou au Nigeria, cette méthode consiste à protéger des terres déforestées récemment et/ou situées à proximité de forêts. Dans un cas comme dans l'autre, des graines encore présentes dans la terre, transportées par le vent, l'eau ou des animaux, redonnent naissance à de nouveaux arbres.

Autre solution qui recueille de nombreux suffrages : l'agroforesterie. Cette pratique, qui consiste à planter des arbres sur les terres agricoles et les pâturages, présente de nombreux avantages : en filtrant l'eau dans les profondeurs du sol, les racines des arbres limitent la fuite des nitrates et de l'azote dans les nappes phréatiques ; le filet racinaire créé par les arbres permet une meilleure assimilation de l'azote par les végétaux, tandis que le carbone, capté par les arbres de la parcelle et stocké dans les sols, enrichit l'humus en matière organique ; les arbres abritent une faune utile à l'agriculture grâce à la pollinisation ou la lutte contre les ravageurs. Sur le plan social, l'agroforesterie permet aux agriculteurs de diversifier leurs revenus en leur fournissant du bois, du combustible, des fruits, du fourrage, etc. En termes de lutte contre le changement climatique, les arbres plantés sur des terres agricoles créent un micro-climat et contribuent à protéger les cultures du vent, des sécheresses, du froid, des tempêtes et inondations. La conversion d'une agriculture classique en agroforesterie entraînerait une hausse de 34 % du carbone stocké dans les sols.

Mais tous ces avantages n'exonèrent pas les promoteurs d'agroforesterie de trouver les bonnes méthodes d'incitation et de rémunération pour les paysans.

Carbon Forest

ou le choix d'une gestion forestière raisonnée

« *Comme tout placement, un arbre c'est un capital et des intérêts* », illustre Pascal Yvon, président de Carbon Forest. Le capital, c'est le carbone déjà séquestré par l'arbre au moment de l'achat ; les intérêts, c'est tout le carbone supplémentaire stocké au fil du temps, reflété par l'augmentation de la circonférence de l'arbre.

Gestionnaire de 20 000 hectares de forêts, Carbon Forest pratique une sylviculture naturelle et une gestion fondée sur des coupes raisonnées, qui lui permet de commercialiser 60 000 tonnes de CO_2 certifiées. En respectant l'âge et la diversité des espèces, ces coupes par prélèvement favorisent le maintien du carbone dans l'humus, le sol, le sous-sol et les racines des arbres. Seul ce carbone, dont le volume est calculé à partir d'une mesure de la croissance des feuilles, est pris en compte dans le cadre de la compensation. Cette gestion raisonnée contribue à préserver la biodiversité : oiseaux, insectes et autres organismes animaux et végétaux. Les arbres sélectionnés pour être abattus fournissent un bois de haute qualité, utilisé pour fabriquer des produits durables, ce qui garantit une séquestration de long terme du carbone. Le prix du CO_2 dépend notamment de la qualité et de la notoriété de la forêt où les crédits carbone ont été générés, importantes en termes d'image pour les clients. Carbon Forest, qui exporte ses crédits jusqu'en Autriche ou en Allemagne, s'efforce aussi d'adopter une approche locale, en choisissant des forêts situées à proximité des activités à compenser.

Les scientifiques sont unanimes pour préconiser la reforestation naturelle assistée, voire pour l'agroforesterie.

ROXANE VARZA

« NOS STARTUPS SONT CHAQUE ANNÉE DE MEILLEURE QUALITÉ. »

Quel est le rôle des startups dans la transition écologique ? Alors que 2021 a été l'année des investissements record dans les *cleantech* en France, laquelle se prévaut volontiers d'être une « startup nation », nous avons interrogé Roxanne Varza, directrice de Station F, le plus grand incubateur de jeunes pousses numériques au monde.

Catherine Levesque-Lecointre :
Quelles sont les particularités de l'écosystème des startups françaises ?
Roxane Varza : À Station F, nous sommes sur une cible de startups qui est très jeune. Elles ont souvent moins de trois ans, moins de quinze salarié(e)s et se situent au début de l'aventure. Ce que je constate en France, c'est que nos startups sont chaque année de meilleure qualité, avec des talents extrêmement forts. On assiste à l'apparition d'une génération d'entrepreneurs qui quittent les startups, les *scale-up* ou les grands groupes, où ils ont déjà acquis une bonne expérience, de fortes compétences techniques, les codes et les réseaux requis. Les profils y sont en revanche moins diversifiés et on y trouve moins de femmes cofondatrices dans l'équipe initiale. Cette

PROPOS RECUEILLIS PAR
CATHERINE LEVESQUE-LECOINTRE

moindre diversité peut s'avérer être un frein pour leur développement, mais les startups françaises attirent néanmoins de plus en plus de capitaux internationaux et bénéficient d'un meilleur financement public au démarrage. Certaines choses peuvent être améliorées d'un point de vue structurel en Europe : le marché y est beaucoup plus fragmenté qu'ailleurs, l'administratif y est plus difficile à gérer, on y fait moins de démarches en ligne. Enfin, on trouve moins de fonds en France et en Europe, capables d'investir de gros montants. Ce sont plutôt des fonds américains et asiatiques qui les financent.

« Ce sont les startups qui créent des solutions, c'est leur raison d'être et c'est un enjeu majeur pour elles. »

C. L.-L. : *Quels sont les critères de sélection des startups que vous hébergez ?*
R. V. : Ils varient beaucoup selon nos différents programmes – une trentaine en tout –, mais d'une façon générale, nous exigeons une équipe à temps plein, des expertises tech en interne (et pas délocalisées ou en freelance). Nous recherchons plutôt un premier produit ou un prototype, et, nous regardons s'ils ont déjà des clients, des testeurs, une attractivité qu'on appelle « traction » dans notre jargon.

C. L.-L. : *Quel critère rédhibitoire pourrait faire que vous n'accepteriez pas d'incuber une entreprise ?*

DANS LA HALLE FREYSSINET
Station F est le plus grand campus de startups du monde. Il est installé dans la Halle Freyssinet, un ancien bâtiment ferroviaire construit dans les années 1920.
© Station F

R. V. : Le fait qu'une équipe ne soit pas à temps plein et que la startup ait une activité en parallèle pour se financer, du consulting par exemple, ce qui sous-entend qu'elle n'est pas assez stable pour son développement.

C. L.-L. : *Les incubateurs sont-ils nécessaires à la réussite des startups aujourd'hui ?*
R. V. : Pas du tout ! Notamment pour les entrepreneurs expérimentés qui ont déjà des réseaux. Les personnes, qui sollicitent des incubateurs, bien souvent, n'ont jamais monté de startup. Elles n'ont ni les réseaux ni les codes. À Station F, 57 % des entrepreneurs ont déjà créé une startup.

C. L.-L. : *Quel rôle jouent les incubateurs et les startups dans la transition écologique ?*
R. V. : C'est un gros sujet aujourd'hui qui touche toute la sphère de l'entreprise, et pas seulement les incubateurs et les startups. Tout le monde a pris conscience qu'il faut faire quelque chose. Cela se ressent pour le moment plus au niveau des startups qu'au niveau des incubateurs. Ce sont elles qui créent des solutions, c'est leur raison d'être et c'est un enjeu majeur pour elles. Les incubateurs commencent à intégrer cette nécessité. Je pense par exemple à Microsoft, qui était positionné sur l'intelligence artificielle, et qui a basculé en octobre dernier sur les *cleantech* consacrées à la neutralité carbone. Pour nous, c'est un signal très fort.

C. L.-L. : *Existe-t-il une concurrence mondiale entre les incubateurs, pour attirer les meilleures pépites par exemple ?*
R. V. : Complètement ! À Station F, 35 % de la communauté est d'origine étrangère. Les pays les mieux représentés après la France sont les États-Unis, le Royaume-Uni, le Maroc et l'Allemagne. Avant le Covid, nous avions des pays asiatiques dans le top 4. Certains de nos programmes attirent beaucoup plus les étrangers. Thales, par exemple, séduit de nombreuses startups israéliennes, très performantes sur la cybersécurité.

C. L.-L. : *Des licornes sont-elles déjà sorties de Station F ?*
R. V. : Oui ! On a une licorne qui a été annoncée au mois de mai. C'est un acteur qui travaille sur une grosse communauté de machine learning, Hugging Face (huggingface.co), dont le siège est aux États-Unis et l'équipe tech en France.

ŒUVRE ARCHITECTURALE
D'une longueur de 310 m pour 58 m de largeur, Station F a été restaurée par l'architecte Jean-Michel Wilmotte. Ici, une œuvre de l'artiste japonais Takashi Murakami.
© Station F – Benoît Florenço

Après trois programmes à Station F, ils ont fait un énorme pivot pour retravailler leur modèle. Leur premier modèle n'avait rien à voir avec leur activité d'aujourd'hui.

C. L.-L. : *De quels projets sortis de Station F, êtes-vous la plus fière ?*
R. V. : Question difficile ! Il y en a beaucoup. J'aime particulièrement NeoPlants (neoplants.co), qui crée des plantes capables de métaboliser plus de polluants que les autres. J'adore Le Papondu (papondu.fr) : deux cofondatrices hébergées dans notre *coliving*, Flatmates, ont fabriqué dans leur chambre des œufs végans à partir de légumes ! On retrouve désormais leurs produits dans deux restaurants à Paris. Parmi les tendances tech les plus récentes, je citerai également Rapsodie (rapsodie.co), un jeu qui permet de découvrir de nouveaux artistes rap à la manière d'un agent. On déniche des rappeurs sur différentes plateformes et on peut organiser des concerts s'ils sont suffisamment appréciés des autres membres du réseau. Cette startup s'appuie sur les technologies Web 3 (*crypto, NFT, blockchain…*), qui permettent par exemple de créer une identité numérique pour un artiste et de suivre tout ce qu'il fait sur les différentes plateformes. Dans le même esprit, Tailor NFT (tailor-nft.com) vient de faire un lancement de cartes de membres privilèges avec l'Olympia. C'est

une sorte de billetterie, basée sur les NFT, qui offre d'autres avantages que l'accès aux salles, attachés à son billet et à son identité numérique. Ça peut aller très loin car c'est un usage qu'on peut imaginer dans plein de différents types de spectacles, des salles de sport... Enfin, j'aime beaucoup aussi Tee Bike (teebike.ooo), qui crée des roues électriques pour transformer n'importe quel vélo en vélo à assistance électrique.

C. L.-L. : *Station F pourrait-elle être dupliquée ailleurs, dans des pays au tissu entrepreneurial particulièrement actif ?*
R. V. : Nous sommes très sollicités par de nombreux pays au gré des visites de responsables politiques. Des projets similaires ont été lancés en Colombie, en Tunisie et dans beaucoup de pays du Golfe, ainsi qu'en Afrique. On ne cherche pas à reproduire la dimension immobilière, mais on aimerait bien accompagner certains acteurs ou créer des ponts avec certains de nos programmes.

« En cinq ans, la GreenTech est le deuxième secteur le plus représenté derrière les logiciels. »

C. L.-L. : *Votre vision prospective des grands enjeux ?*
R. V. : Il y en a beaucoup ! L'écologie en premier lieu. Je pense qu'on a atteint un niveau de conscience favorable à l'action et que l'on peut avancer dans ce domaine. La question du marché se pose actuellement compte tenu du contexte international. Après une année assez dingue marquée par beaucoup de levées de fonds, de licornes, de création de startups, le marché marque le pas et les startups ont plus de mal à lever de l'argent car les investisseurs ont peur, les valorisations sont plus faibles... On ne sait pas combien de temps ça va durer, mais ce n'est finalement pas une mauvaise chose pour l'écosystème, qui va s'en trouver assaini. Il y a encore beaucoup à faire en matière de diversité, concernant les femmes bien sûr, mais aussi – et on en parle moins –, les profils issus de milieux moins privilégiés. Il va falloir faire quelque chose pour ne pas aggraver les clivages. On a d'ailleurs un programme pour ça, qui s'appelle Fighters Program, mais en dehors de Station F, les initiatives restent trop isolées.

C. L.-L. : *L'innovation doit-elle aller de pair avec le respect de l'environnement ?*
R. V. : Totalement ! Innover n'a pas de sens si c'est pour détruire la planète ! C'est aussi le rôle de Station F d'orienter les startups dans la bonne direction, qu'il s'agisse de l'avenir de la planète ou des personnes, de durabilité ou de diversité.

C. L.-L. : *Sachant que le numérique a aussi une forte empreinte carbone...*
R. V. : Il en a une bien sûr, mais je pense qu'il y a bien d'autres secteurs où l'empreinte carbone doit être allégée avant de stigmatiser ce secteur... Des startups travaillent du reste sur des solutions à cet égard.

C. L.-L. : *Parmi les startups que vous hébergez, combien se positionnent sur des cleantech ?*
R. V. : En cinq ans, la GreenTech et Impact (9,4 %) est le deuxième secteur le plus représenté derrière les outils de productivité (logiciels), qui est à 12 %. Ce secteur est en expansion ces dernières années, devant le e-commerce (7,9 %), la HR Tech – ressources humaines (5,1 %), la *FinTech* et *InsurTech* (4,7 %) et enfin la *EdTech* – éducation (4,2 %).

C. L.-L. : *Les incubateurs de Station F sont exemplaires en matière de parité ? Cela s'explique-t-il par la présence d'une femme à sa tête ?*
R. V. : Depuis le premier jour, nous avons à cœur de favoriser la diversité et la mixité, que ce soit les hommes et les femmes, les profils internationaux, divers et variés... J'ignore si c'est lié à mon parcours, mais c'était une évidence pour remplir un bâtiment avec mille startups innovantes ! Nous nous sommes rendu compte au bout de quelques années que les femmes ne postulaient pas spontanément à nos programmes. Celles qui candidataient étaient pourtant la plupart du temps sélectionnées, non pas parce qu'elles étaient des femmes mais parce qu'elles avaient d'excellents projets. On a donc modifié, il y a deux ans, les contrats avec nos partenaires avec des clauses exigeant plus de candidatures féminines. Parce que je suis une femme, j'imagine que l'environnement de Station F n'est pas machiste, contrairement à certaines écoles de code. Un tiers de nos résidents sont des femmes et 41,1 % de nos startups ont été créées par des femmes.

C. L.-L. : *Plus généralement, quelle est la place des femmes dans l'univers*

STATION F* EN CHIFFRES

Née le : 29 juin 2017
1000 startups hébergées dans une trentaine de programmes internationaux
Superficie : 51 000 m²
Startups créées : 5 015
Encore en activité : 92,8 %
Emplois créés : 47 200

■ stationf.co

* De Freyssinet, nom de l'ancienne halle ferroviaire de 1929 où est installé l'incubateur, dans le 13e arrondissement de Paris.

des startups et de la tech ? Peut-on dire que le plafond de verre se fendille ?
R. V. : Il y a encore une marge d'amélioration, mais force est de constater qu'il y a de plus en plus de femmes dans ce secteur, de plus en plus de femmes qui créent leur startup. Il faut encore améliorer le financement des équipes féminines qui touchent énormément moins de fonds et de financements que les équipes mixtes (autour de 2 % de l'ensemble des financements). Depuis dix ans, rien n'a changé quant à la représentation des femmes dans les métiers purement techniques. Je suis très fière de compter une femme ingénieur dans notre équipe technique, mais il y a beaucoup moins de profils féminins qui sortent des écoles d'ingénieurs (moins de 10 %) que de profils masculins.

C. L-L. : *Vous avez cofondé l'association Girls in Tech Paris ?*
R. V. : Oui, laquelle a fusionné depuis avec Sista (wearesista.com). À Station F, nous avons aussi le Female Founders Fellowship, qui chaque année met en lumière dix startups fondées par des femmes. On essaie de leur donner plus de visibilité.

UN ACCOMPAGNEMENT SUR MESURE
Station F a vocation à transformer une idée innovante en entreprise performante grâce à un accompagnement adapté : locaux, réseau, expertises, conseil...
© Station F

QUÉSACO ?

STARTUP : « Entreprise qui démarre » et qui expérimente une nouvelle activité sur un nouveau marché, avec un risque difficile à évaluer. Elle teste son *business model* et son marché en vue de croître. On en recense 20 000 en France.

INCUBATEUR : Présent en amont de la création d'entreprise et au cours de son développement, un incubateur met à disposition des porteurs de projet une multitude de services pour faciliter leur lancement. Ils favorisent la formation d'un écosystème propice à l'émergence de startups.

SCALE-UP : Désigne une jeune pousse déjà sortie du statut de startup mais qui n'a pas encore atteint celui de licorne.

LICORNE : Une startup non cotée valorisée au moins à un milliard de dollars (854 millions d'euros). Au 5 juillet 2022, la France comptait 23 licornes actives, contre trois en 2017.

CLEANTECH : Qui regroupe « de nouvelles technologies et des modèles commerciaux connexes qui offrent des rendements compétitifs aux investisseurs et aux clients tout en apportant des solutions aux défis mondiaux ». À la différence des technologies vertes, utilisées en bout de chaîne avec des rendements limités, ces technologies propres s'attaquent aux racines des problèmes écologiques et concernent principalement les secteurs de l'énergie, de l'agriculture, du traitement des déchets et de la mobilité.

FRENCH TECH : Label créé par l'État en 2013 pour promouvoir les entrepreneurs français du numérique. La French Tech réunit des startups, des investisseurs, des décideurs et des *community builders*.

■ lafrenchtech.com

Source : Bpifrance.

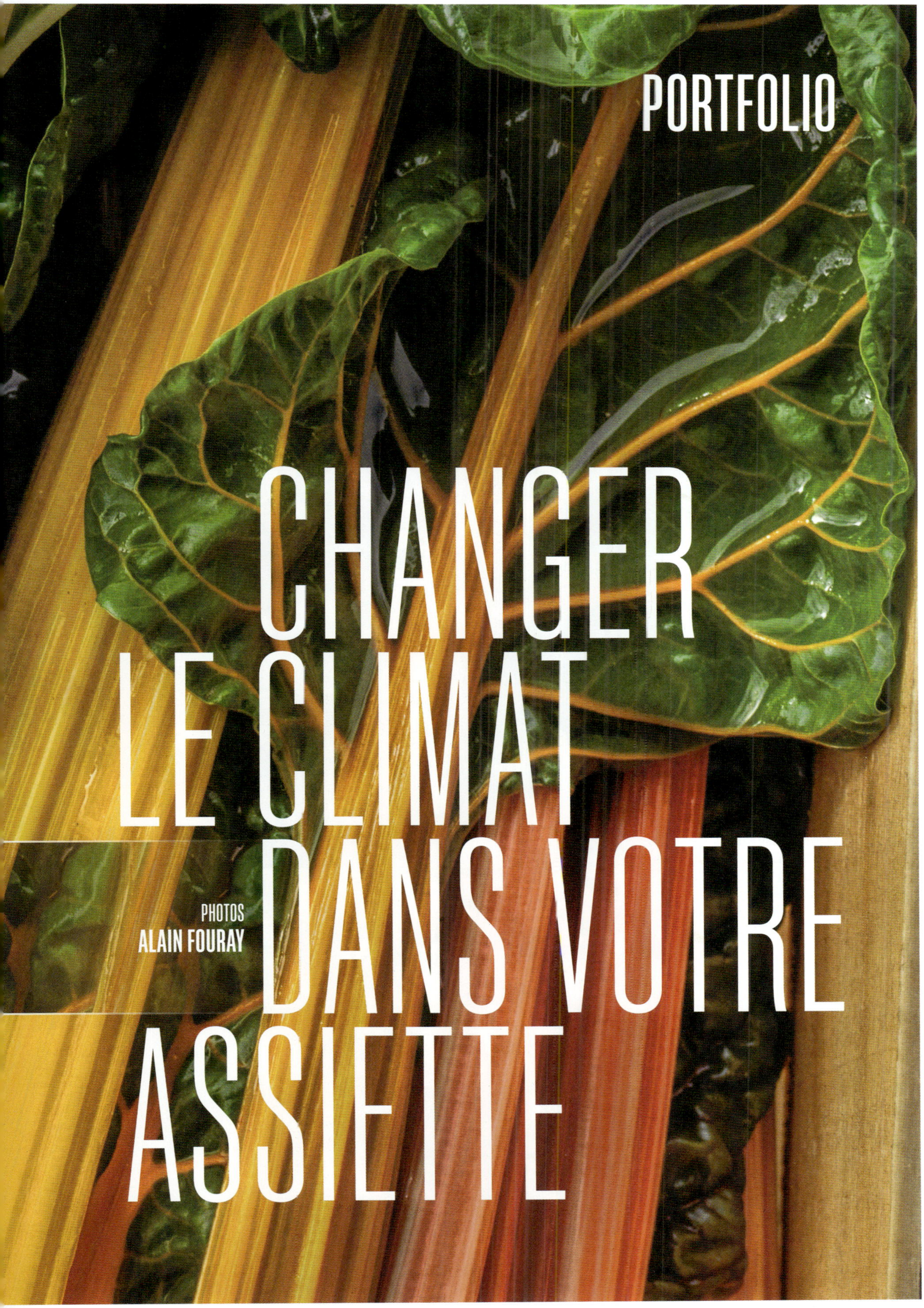

CHANGER LE CLIMAT DANS VOTRE ASSIETTE

PHOTOS
ALAIN FOURAY

CHANGER LE CLIMAT DANS VOTRE ASSIETTE

CHOU ROUGE
Contrairement à son nom, le chou rouge est bleu. Il se consomme cru, cuit ou en saumure. Pleine saison : l'automne mais se conserve tout l'hiver.

DE HAUT EN BAS ET DE GAUCHE À DROITE :
Patate douce, tomate Andine cornue, betterave blanche, champignons de Paris, chou-rave, Oxalis « petite oseille sauvage », navet, plant de vigne, fenouil de Florence, oignon rouge.

VIGNETTES HORIZONTALES DE GAUCHE À DROITE :
Pomme Pink Kiss (rose baiser), cucurbitacée, endive rouge, courgette.

ENDIVE
Venue de Belgique à la fin du XIXe siècle, cette salade d'hiver est un légume récent. Le chicon se cultive dans le noir, à 15° C, pour obtenir des feuilles blanches. Pleine saison : l'hiver.

VIGNETTES HORIZONTALES DE GAUCHE À DROITE :
Chou vert commun, tomate cœur de boeuf, champignons, courge musquée de Provence.

RÉCIT PAR
FABRICE LUNDY
AVEC CAMILLE BOUR

VALORISATION DES MÉTIERS MANUELS & DE L'EXCELLENCE

TRAVAIL DU BOIS Au début du XXe siècle, l'atelier de sculpture sur bois est dirigé par deux professeurs et compte 49 élèves répartis en 4 années. Photo issue de l'album réalisé pour l'*Exposition des Arts décoratifs* de 1925. © D.R.

APPRENTISSAGE, LE RETOUR EN GRÂCE

Ce sont les artisans de l'exception : tous ceux et celles sortis de la prestigieuse école Boulle reconnue dans le monde entier. Presque 140 ans d'existence. Boulle, c'est le nom du célèbre ébéniste de Louis XIV, André-Charles Boulle (1642-1732) qui s'illustra par ses armoires et ses tables en marqueterie faites de bois, de laiton et d'écaille de tortue. Un génie que l'on peut encore admirer au château de Versailles ou au Trianon.

Le génie aujourd'hui réside dans cette école publique née en 1886 au milieu du quartier des métiers de l'ameublement à Paris. Entre le boulevard Diderot et le faubourg Saint-Antoine, près de la Nation, le bâtiment de la rue Pierre Bourdan à la façade Jean Prouvé accueille des trésors.

À l'intérieur, on est frappé à la fois par l'activité dense et la sérénité avec lesquelles les futurs artistes ciselent, gravent, sculptent le bois, l'acier ou le bronze dans ces grandes salles qui abritent les nombreux établis adaptés aux différents métiers. Il y a de quoi se perdre dans ces multiples bâtiments qui reçoivent chaque année un millier d'élèves, à l'issue d'une sélection drastique qui ne retient que les plus motivés et les plus travailleurs.

L'une d'elle est Amélie – les filles sont en majorité. C'est elle qui nous accueille avec fierté, juste avant la pause estivale à l'occasion d'une journée portes ouvertes très courue pour découvrir les ateliers destinés à l'ébénisterie, la restauration de mobilier, la sculpture de bois, le tournage d'art où s'activent les élèves portant tablier bleu ou blouse blanche.

Tradition, modernité et… RSE

Les « boullistes » sont tous des passionnés. Notre guide du jour en est une. Elle est en DNMADE 3, soit la fin des études pour elle avant de décrocher le prestigieux diplôme national des métiers d'art et du design. Depuis toujours, intéressée par ce secteur et principalement l'ébénisterie, ce qu'elle aime, « c'est créer ». Tout l'enjeu est ici de concevoir des objets, des meubles utiles, fonctionnels et esthétiques. Amélie vient ainsi de s'immerger au milieu des vignerons pour donner vie à une grande table conviviale d'une dizaine de couverts, robuste et épaisse, qui symbolise le terroir français.

Chaque étudiant a en effet un thème sur lequel plancher. L'un de ses camarades de promotion, Thomas a, lui, imaginé une table adaptée aux personnes tétraplégiques. Un autre, Léo, s'est inspiré des mers tumultueuses d'Écosse pour reproduire en les symbolisant, des falaises gravées sur la porte d'une boîte de rangement, fixée au mur contenant cinq bouteilles de whisky. Du grand art ! Mais rien ne se fait au hasard quand on en arrive à un tel niveau de perfection.

Il faut en 1re année savoir refaire à l'identique des meubles anciens, car l'apprentissage de la technique se transmet ainsi. C'était d'ailleurs la vocation initiale de l'école : la copie d'œuvres du passé essentiellement liées à Louis XIV. Les gestes et les outils sont d'ailleurs restés les mêmes depuis des siècles avec une lame et un manche pour travailler à la frappe et au modelé. Mais si la tradition reste vivace, l'école Boulle du XXIe siècle fait aussi appel à des logiciels de design. Sont aussi présentes les considérations du moment telles les problématiques sociales afin de répondre aux besoins sur le handicap par exemple, et d'écoresponsabilité dans le choix des matériaux et du matériel. Ce que confirme Laurent Scordino, son directeur : « *À l'heure actuelle, les jeunes investissent les formations différemment. Il y a des notions d'écoresponsabilité*, d'upcycling. »

> *« Boulle coche toutes les cases de l'excellence à la française. Des grandes écoles comme celle-ci est essentiel. »*

Une école essentielle

Les élèves rencontrés ce jour se montrent confiants. Amélie qui a beaucoup apprécié sa formation mêlant théorie et pratique l'exprime avec le sourire. D'après elle, « *l'insertion n'est pas très difficile dans sa filière.* » Elle s'imagine ensuite « *travailler dans un atelier quelques années pour se faire la main avant de rejoindre un bureau d'études* ». La plupart semblent trouver un CDI rapidement et tous porteront les couleurs d'un savoir-faire français reconnu dans le monde entier. Les débouchés sont éclectiques – décors de cinéma, restauration du mobilier national, architecture d'intérieur. Les formations proposées sont en effet très variées – du pré-bac au post-bac – avec des spécialités telles l'ébénisterie, la gravure ornementale, la monture en bronze, ou la tapisserie. Il y a aussi des parcours en design.

Pas étonnant quand on écoute Laurent Scordino : « *Oui, il y a un engouement très fort et une reconnaissance du savoir-faire et du talent dans l'art, quand on voit le nombre de salons, les réseaux sociaux, les magazines qui traitent de ces métiers. On y décèle également tout le potentiel économique.* » Selon lui, il y a quelque chose de patrimonial.

Un modèle comme celui-ci, l'économiste Nicolas Bouzou applaudit : « *C'est fascinant. Boulle coche toutes les cases de l'excellence à la française. Des grandes écoles comme celle-ci c'est essentiel. C'est ce qu'il manque dans la coiffure, la boucherie ou la poissonnerie.* »

Si l'école est ouverte aux bacheliers, elle a démarré en septembre 2021 une filière professionnelle par le biais du GRETA de la création, du design et des métiers d'art* : un contrat de professionnalisation proposé aux plus de 30 ans, un contrat d'apprentissage pour les moins de 30 ans. Il est donc possible de faire un brevet des métiers d'art (BMA) d'ébéniste en alternance au rythme de trois semaines en entreprise et une semaine à l'école pendant deux ans. Pour les adultes 100 % des personnes de cette formation sont en reconversion : une ancienne directrice de communication, une préparatrice en pharmacie, un paysagiste.

Développer ses soft skills

Natacha Raguet, conseillère en formation continue au GRETA de l'école Boulle l'explique : « *L'objectif est de développer de plus en plus l'apprentissage. On reprend en quelque sorte le lien du compagnonnage, de la transmission du savoir.* » À moyen terme, des étudiants de la formation initiale pourront choisir la filière en apprentissage au lycée professionnel, bac ou pré-bac. Le directeur ajoute : « *C'est également une réponse économique pour les*

* Structure de l'Éducation nationale qui propose des formations pour adultes.

ATELIER DE TAPISSERIE
Les élèves y apprennent tout ce qui se rapporte à la garniture des sièges et à la tenture des étoffes. Photo issue de l'album réalisé pour l'*Exposition des Arts décoratifs* de 1925.
© D.R.

SECTION DU MEUBLE — ATELIER DE TAPISSERIE

Dans l'atelier de tapisserie, dirigé par deux Professeurs (48 élèves répartis en 4 années), les élèves apprennent tout ce qui se rapporte à la garniture des sièges et à la tenture des étoffes.

INTEMPORELLE
Créée en 1886 à l'initiative de la ville de Paris, l'école Boulle demeure aujourd'hui une des plus grandes écoles d'art et de design en Europe. Photo prise lors des portes ouvertes 2019. © D.R.

jeunes ainsi qu'une demande forte de la profession.» Avantageux pour les étudiants qui auront un salaire. L'autre avantage est pédagogique car les étudiants vont travailler dans un atelier ce qui permet d'apprendre sur le terrain, dans la «vraie vie», tout en éprouvant les connaissances plus théoriques apprises à l'école. «*Pour des personnes qui sont en dernière année ou avant dernière année, cela permet de mieux comprendre le monde du travail. C'est un moyen de développer ses* soft skills», justifie Natacha Raguet.

Cette dernière constate à juste titre qu'il y a depuis trois ans une revalorisation de l'apprentissage en France: «*Pendant des années, il était réservé à certains secteurs. Maintenant c'est plus ouvert, notamment à des filières d'excellence, des écoles de commerce, d'ingénieurs.»* C'est vrai qu'on change de dimension. La France était en retard, notamment par rapport à l'Allemagne dont le nombre d'apprentis se situe aux environs de 1,5 million depuis la fin des années 90, quelle que soit la conjoncture. C'est trois fois plus qu'en France, avec trois fois moins de chômeurs chez les jeunes. Pour quelles raisons? Probablement un blocage culturel voire un mépris vis-à-vis des métiers manuels, dans la tête des parents. Malgré tout, l'image de certaines professions a pu évoluer grâce à des émissions TV mettant en avant la pâtisserie et la boulangerie.

Envol du nombre d'apprentis

Autre raison du retard: le coût du dispositif. Mais les choses ont changé depuis la réforme voulue en 2018 par le président Macron: financement automatique garanti pour chaque contrat grâce à la taxe d'apprentissage distribuée par un organisme ad hoc: France compétences. Plus besoin non plus d'autorisation pour ouvrir un centre de formation. Résultat: le cap des 700 000 apprentis a été franchi en 2021 contre moins de 450 000 fin 2018. Ce dont se félicite le haut-commissaire à l'Emploi Thibaut Guilluy: «*Nous avons développé le système du "faire pour apprendre" grâce auquel 75 % des élèves en CAP ont trouvé une insertion professionnelle réussie.»* Entre 2 et 3 milliards d'euros ont été ajoutés sur le fonctionnement des CFA et quasiment autant pour les 8 000 euros d'aides par apprenti, versés à l'employeur.

Pour les élèves, le système est attractif avec des études gratuites ou presque, une rémunération, des droits à la retraite, et souvent une embauche ferme. Gagnant aussi pour l'entreprise: «*C'est un moyen de mélanger les générations et de repérer en amont les futures recrues*, explique Jean-Marc Barki, le PDG de Sealock spécialiste des colles industrielles dans le Pas-de-Calais qui fait travailler 6 apprentis sur 26 salariés. *Les premiers de cordée transmettent aux jeunes générations et tous font grandir l'entreprise. Si nous existons depuis vingt-huit ans, c'est aussi grâce à ça.»*

On peut faire une belle carrière. C'est en effet, selon Nicolas Bouzou, un tremplin très efficace pour l'insertion, d'autant que selon l'Insee, les deux tiers des 200 000 emplois salariés supplémentaires attendus cette année proviendront de l'alternance. Et Thibaut Guilluy ajoute: «*Une politique qui développe l'apprentissage peut mettre en valeur ces filières d'excellence des métiers manuels.»*

C'est même un sésame pour entrer dans les belles entreprises. C'est le cas du géant mondial du luxe LVMH qui au travers de son Institut des Métiers d'Excellence (IME) a lancé le premier programme de formation en alternance dans le luxe, avec des formations dans 27 métiers de la création et de l'artisanat. Chantal Gaemperle, la DRH du groupe l'explique: «*L'IME a relevé le défi qu'il s'était fixé lors de son lancement en 2014: développer l'employabilité des apprentis, quel que soit leur niveau initial, tout en assurant la pérennisation des savoir-faire chers aux Maisons du groupe.»* Dans le cadre de cet Institut, les alternants bénéficient aussi de formations aux langues étrangères, de visites d'ateliers ou de magasins.

Comment faire connaître l'apprentissage?

Bertrand Martinot envisage plusieurs leviers. D'abord s'intéresser à la condition de vie du jeune: l'aider pour son permis de conduire, son logement, son habillement car il faut être présentable dans une entreprise. Ensuite faire connaître l'apprentissage, notamment dans les établissements scolaires: «*Là où il y a un vivier important, ce sont les jeunes en lycée professionnel qui gagneraient à préparer le même diplôme – le bac pro – par la*

> «Les deux tiers des 200 000 emplois salariés supplémentaires attendus cette année proviendront de l'alternance.»

TERRITOIRE HABITÉ
Entre avril et juillet 2022, l'exposition *Territoire habité* a mis à l'honneur 58 projets de diplômés en Design d'Espace Territoires Habités (DSAA2).
© D.R.

voie de l'apprentissage.» Mais à condition que ces élèves soient capables de s'adapter aux contraintes exigeantes que sont les horaires de travail et la vie en entreprise. En Allemagne, qui a investi dès le collège, l'apprentissage est une filière unique car il n'y a pas de bac professionnel. «*Faire du témoignage, flécher vers nos entreprises*», c'est exactement ce que souhaite Jean-Marc Barki, le PDG de Sealock qui voudrait relancer les «ambassadeurs de l'alternance».

Le haut-commissaire à l'Emploi, Thibaut Guilluy, rappelle la priorité de la réforme du lycée professionnel avec la mise en place sur le temps scolaire de la découverte des métiers pour que chacun s'oriente : «*Sur les métiers manuels, le gros enjeu est celui de l'orientation. L'émergence de cette réforme, qui doit faire la promotion de l'apprentissage, sera l'une des missions de Carole Grandjean, la ministre déléguée chargée de l'Enseignement et de la Formation professionnels.*»

MONTAGNE

L'ÉTERNEL REFUGE DES RANDONNEURS

TEXTE ET PHOTOS DE
LAURENT GANNAZ

POURQUOI MARCHE-T-ON
EN MONTAGNE ?
PAR AMOUR DE L'EFFORT ?
DES PAYSAGES ?
POUR TROUVER LA PAIX ?

« NOUS AVONS PASSÉ TROIS JOURS AU REFUGE DE TRÉ-LA-TÊTE, À LA RENCONTRE DE RANDONNEURS ET D'ALPINISTES. »

Situé à 1970 mètres d'altitude, à l'aplomb des Contamines-Montjoie, au cœur du massif du Mont-Blanc, le refuge de Tré-la-Tête sert de camp de base aux alpinistes qui s'engagent plus haut, sur la traversée des Dômes de Miage (courses classiques glaciaires), puis sur l'Aiguille de la Bérangère (itinéraires sur névés et roches) via le refuge des Conscrits (2 602 m). Accessible par deux sentiers, Tré-la-Tête est aussi situé à portée du glacier éponyme ainsi que sur une variante du tour du Mont-Blanc. Cette situation particulière, en moyenne montagne, favorise des pratiques multiples où retraités et familles, alpinistes, marcheurs au long cours et autres traileurs se croisent. Un véritable microcosme du monde de la randonnée.

UN HAVRE DE PAIX
Le refuge de Tré-la-Tête est situé dans le massif du Mont-Blanc, à 1970 mètres d'altitude. Un havre de paix pour les randonneurs de toutes sortes.

Goût du dépassement

Pour rejoindre Tré-la-Tête depuis le Val Montjoie, il faut compter, selon sa forme, deux heures à deux heures et demie en moyenne (pour 800 mètres de dénivelé environ). Un temps de marche qui place le refuge à la portée du plus grand nombre. Cependant quel que soit le sentier emprunté, la pente est raide et faiblit rarement et il ne faut pas ménager ses efforts pour y arriver. Cela tombe bien : le goût du dépassement est un moteur fort chez beaucoup de randonneurs en montagne. Pour Camille et Mélaine, jeune couple annonéen, habitué des courses de haut vol (Camille épingle à son palmarès le Grand Paradis, le Mont-Blanc et les Écrins...), l'arrêt à Tré-la-Tête s'inscrit sur la ligne retour d'une course aux Dômes de Miage qui culminent à 3 637 mètres. *« Je suis membre du Club alpin français (CAF) en Ardèche. Je me suis entraîné dans des écoles de glace dans le Mont-Blanc,* explique Camille. *J'aime bien me fixer des objectifs : atteindre un sommet emblématique dans chaque lieu. »* Cette fois, les deux vingtenaires ne seront pas arrivés à leurs fins, l'accès au sommet des Dômes s'étant révélé inaccessible par l'apparition de crevasses. Autre génération mais partageant la même motivation, à peine émoussée par le grand âge : Danièle, âgée de 80 ans. Elle habite près de la frontière genevoise. Elle attend patiemment, assise sur un rocher, son mari (octogénaire aussi) monté jusqu'au refuge des Conscrits. Elle reconnaît n'avoir rien perdu du *« goût de l'effort, de parvenir au but qu'on s'est donné. »*

Paix de l'esprit

Erni, quadragénaire hollandais, engagé sur le tour du Mont-Blanc, se revigore avec une copieuse omelette, à 17 h. Il assume ses douleurs : *« J'ai mal un peu partout. J'aime souffrir : la marche est intéressante car il s'agit d'un effort plus long que les sports que je pratique habituellement comme la natation, le VTT ou le cyclisme... Et puis, là, je vis une période compliquée*

ÉMERVEILLEMENT En montant vers le refuge des Conscrits, aux portes de la haute montagne, le spectacle des roches et des glaciers est saisissant : un émerveillement recherché par les randonneurs.

entre ma relation, deux enfants, la rénovation d'une maison, un changement de job... C'est le bon moment pour être seul. La marche constitue une voie pour apaiser l'esprit. » Chez la plupart des randonneurs, la quête du dépassement et le goût de l'effort ne sont jamais bien éloignés d'une quête de calme et de quiétude. Car en offrant la possibilité de se surpasser physiquement, au cœur d'un environnement préservé et silencieux, loin des tracas du quotidien, la marche permet de mettre à distance les contingences matérielles et les contraintes d'une société anxiogène. Nicolas, chef de cabine dans l'aviation, ancien pratiquant de trail, reconverti à la marche (plus ou moins rapide), aime pratiquer seul, cette activité. Il a développé pour cela une méthodologie du pas bien à lui : « *C'est un moyen de me retrouver, au début de la montée, je "cale les affaires dans ma tête", et puis une fois que cela est fait, j'accueille ce qui se passe, je prends des photos.* » « *Pour moi, c'est une forme d'introspection*, abonde Denis, père de famille breton, venu avec sa femme et sa fille, *une façon de se vider la tête, d'évacuer un peu tout.* » Prendre du recul et organiser ses pensées... c'est aussi l'attente de Valentin et Louise, un jeune couple de professeurs d'école, du genre sportif, engagés sur le tour du Mont-Blanc. « *On vient de Thonon-les-Bains. On a déjà fait quelques balades dans le coin, pas loin de Chamonix. On pratique le ski de randonnée et un peu le trail. Pour moi*, explique Valentin, *la randonnée me permet de m'aérer, de réfléchir et de me poser. Pour Louise, c'est une façon de déstresser. Et même si l'activité peut être fatigante, elle ressource.* »

« Une source entre trois cailloux, ma récompense »

Est-ce dû à ce silence particulier ? À ce sentiment de liberté émergeant au contact des grands espaces ? Ou à cette lenteur qui facilite l'observation ? La marche en montagne reste aussi plébiscitée pour ce rapport à la nature si particulier, d'autant plus prégnant encore du fait de la distance et de l'éloignement. La plupart des randonneurs interrogés insistent ainsi sur le plaisir éprouvé, au-delà de l'effort, à la simple observation, ou la découverte de paysages. Qu'il s'agisse de panoramas inédits, redécouverts au gré des saisons, ou de simples sites dont la portée est amplifiée par l'isolement et l'effort, le plaisir de la randonnée est indissociable de celui de la contem-

LE PAYSAGE : UNE RÉCOMPENSE
Situé sur l'ancienne moraine, le refuge tourne le dos au mont Blanc mais fait face au mont Joly et aux sommets du Beaufortain.

plation. « *En montagne, le paysage, la simple vue d'un lac, d'un sommet, d'un bouquetin m'apparaît comme une récompense*, décrit Danièle. *J'ai encore devant les yeux l'image d'une simple source des Pyrénées, surgie entre trois cailloux, avec sa mousse et son rideau d'eau.* » « *On aime le paysage au bout de l'effort*, continuent Denis et Marianne, un couple de sexagénaires belges. *Ici, on apprécie de monter et d'avoir une vue d'ensemble, ce qui n'est pas possible dans notre pays où le point culminant ne dépasse pas 700 mètres.* »

REFUGE
Tré-la-Tête a gardé son esprit d'antan, chaleureux et boisé. Un lieu intime, loin du stress, qui favorise les rencontres et les confidences.

Émerveillement renouvelé

Qu'on soit du plat pays ou né sous le mont Blanc, le ravissement lié à l'altitude reste le dénominateur commun : « *J'ai toujours le même plaisir à venir ici*, résume Jean-Louis, quinquagénaire sportif, originaire de la vallée de l'Arve. *À quelques kilomètres, l'éclairage et la lumière ne sont jamais les mêmes. Chaque saison réserve des surprises.* » Découverte, ou redécouverte, « *il faut que ce soit nouveau* », indique Franck, originaire du Beaujolais mais habitué des Contamines-Montjoie. Avec sa femme et ses trois enfants, le père de famille s'est payé l'exotisme d'une nuit au refuge des Conscrits : « *Chaque année, on se lance un défi, comme un bivouac en montagne. On aime bien ces partages en famille.* »

Partage, esprit de corps et de cordée... la montagne resserre les liens, réhabilitant des valeurs parfois galvaudées en bas. « *Dans un milieu hostile, on est tous pareils*, explique Franck. *Il n'y a plus de hiérarchie, surtout dans les refuges : tout le monde est pris dans une atmosphère et se parle.* » Pour Véronique et Michèle, deux sœurs remontées aux Conscrits près d'un demi-siècle après leur initiation à la haute montagne (sur les traces de parents montagnards), elles commentent : « *Rien n'a changé là-haut : comme il n'y a pas de réseau, on discute comme il y a 50 ans !* » Pour la sororie, le retour aux sommets a des allures de « *chemin de la mémoire* » et de « *pèlerinage* ». « *On est une cordée réversible*, ajoute Véronique, *le premier de cordée est un peu le guide, il se sent responsable de l'autre.* » Pour cette psychologue, le plaisir de la randonnée réside aussi dans la maîtrise du souffle, base de la méditation et de la détente : « *Ce que je vis dans le corps grâce à la montagne, c'est le rythme, la lenteur et la respiration en présence silencieuse.* »

L'esprit de cordée

La conclusion revient à Marielle, propriétaire et gardienne du refuge de Tré-la-Tête depuis vingt et un ans. La Saint-Gervolaine, au verbe franc, a aussi travaillé douze ans au refuge du Promontoire, abri mythique de la Meije, en bordure du massif des Écrins, une référence dans le milieu : « *Ici, à Tré-la-Tête, les 4X4 ne peuvent pas monter, ça change la donne, on se sent en terrain d'aventure. Pour beaucoup, il s'agit de la première expérience en refuge, et on peut accéder au glacier. J'ai bien vu la clientèle évoluer : aujourd'hui, on me demande où sont les douches alors qu'il y a vingt ans, on me demandait s'il y avait des douches. Mais je tiens à garder un état d'esprit empreint de respect car j'ai hérité ça du Promontoire : la cordée et le lien, ça veut dire quelque-chose.* »

Comprenez : si vous n'êtes pas prédisposé à débrancher, à vous connecter aux autres et à la nature, passez votre chemin.

ACCUEIL ET HOSPITALITÉ
Inaccessible en véhicule, le refuge de Tré-la-Tête a gardé son authenticité. Un lieu de rencontre et de ressourcement pour les randonneurs

À CHAQUE NOUVEAU NUMÉRO, ECO KEYS PARTAGE AVEC VOUS, UNE EXPOSITION QUI A RETENU TOUTE SON ATTENTION

L'EXPO

PAR

STÉPHANIE LAURENT

L'invention de Venise, au VIe siècle, relève du miracle. C'est ce que l'exposition immersive *Venise révélée* veut faire ressentir au visiteur tout au long d'un parcours qui le fait voyager entre monde réel et monde virtuel. Miracle et artistique d'ingénierie et d'architecture, la ville, construite sur des millions de pieux en bois enfoncés dans la lagune, lutte depuis plusieurs siècles contre la mer, menace impitoyable qui fut aussi la source de son immense richesse. Scène théâtrale, puissance commerciale, Venise a su s'adapter aux évolutions des modes de vie. Les images 3D réalisées par l'équipe d'Iconem reconstituent les panoramas urbains de la ville en volume pour permettre aux visiteurs de voir à travers les murs de la Cité des Doges et tenter de percer ses mystères.

Exposition *Venise révélée* du 21 septembre 2022 au 19 février 2023, au Grand Palais Immersif – Paris 12e. Informations : grandpalais-immersif.fr

LE CONSIGLIO – Détail des peintures du plafond du Consiglio. © Iconem – GPI

COUR DU PALAIS DES DOGES – Tryptique de projections monumentales. © Iconem – GPI

LE CONSIGLIO – Tryptique de projections monumentales. © Iconem – GPI

EN LIBRAIRIE

LE MONDE SANS FIN, MIRACLE ÉNERGÉTIQUE ET DÉRIVE CLIMATIQUE

CHRISTOPHE BLAIN, JEAN-MARC JANCOVICI

Paru il y a un an, cet ouvrage de Jean Marc Jancovici et Christophe Blain demeure dramatiquement d'actualité. Ils y expliquent avec humour les changements profonds que notre planète vit et leurs conséquences. Jean-Marc Jancovici étaye sa vision en plaçant la question de l'énergie et du changement climatique au cœur de sa réflexion tout en évoquant les enjeux économiques, écologiques et sociétaux. Ce témoignage éclairé et passionnant invite à la réflexion, sur des sujets parfois clivants comme la transition énergétique.

Éditions Dargaud – 196 pages – 28 €

© Blain – Jancovici – Dargaud

NOTRE-DAME DE PARIS, LA SCIENCE À L'ŒUVRE

COLLECTIF

Avril 2019, les flammes ravagent Notre-Dame de Paris suscitant l'émoi et la mobilisation générale. Alors que la flèche retrouvera sa place au sommet de la cathédrale en 2023, ce livre, illustré d'images exceptionnelles, permet de comprendre comment Notre-Dame a été pensée, bâtie, rénovée en revisitant notre connaissance du monument à chaque période de son histoire. Il propose au lecteur un voyage dans le temps, jalonné de rencontres avec les plus grands noms de la culture, de la technique, de la littérature et de l'art.

Éditions Le Cherche Midi – 184 pages – 35 €

© D.R.

LA DÉSINDUSTRIALISATION DE LA FRANCE

NICOLAS DUFOURCQ

Entre 1995 et 2015, le pays s'est vidé de près de la moitié de ses usines et du tiers de son emploi industriel. Dans ce livre, le patron de Bpifrance interroge des entrepreneurs, politiques, syndicalistes, fonctionnaires qui ont vécu ces années noires et dresse un constat de responsabilité générale. C'est toute la société française qui s'est détournée de son industrie. Aujourd'hui, les choses ont changé et si nous restons déterminés et décisifs, il est possible d'écrire une belle page industrielle d'ici à 2030.

Éditions Odile Jacob – 384 pages – 27,90 €

© D.R.

L'INVENTEUR

MIGUEL BONNEFOY

Dans ce roman, Miguel Bonnefoy vous fait découvrir l'histoire d'Augustin Mouchot, né au milieu du XIXe siècle, obscur professeur de mathématiques, devenu inventeur de l'énergie solaire. Bien que sa machine séduise Napoléon III et soit exposée avec succès à *l'Exposition universelle de Paris* en 1878, avec l'avènement du charbon, ses projets, jugés trop coûteux ne verront pas le jour. Trahi par un collaborateur qui lui vole son brevet, Augustin Mouchot finit dans la misère, précurseur sans le savoir d'une énergie du futur.

Éditions Rivages – 208 pages – 19,50 €

© L'inventeur – Miguel Bonnefoy